KB265851

두번째 인생

암을 이기는
행복한 세상살이

두번째 인생

버니시겔, 제니퍼 샌더 지음 / 두창준 옮김

미래와경영

암을 이기는 행복한 세상살이

두번째 인생

1판 1쇄 인쇄   2012년 2월 10일
1판 1쇄 발행   2012년 2월 15일

지은이 버니 시겔·제니퍼 샌더 **옮긴이** 두창준 **펴낸이** 조헌성 **펴낸곳** (주)미래와경영
책임 엄진영 **디자인** 이인숙·김석미 **영업/마케팅** 류석균
표지 디자인 양은정 **인쇄** 해외정판사 **제본** 대산바인텍
주소 서울특별시 구로구 구로동 222-14
대표전화 (02)837-1107 **팩스** (02)837-1108
등록번호 제 16-2128호
홈페이지 http://www.FNM.co.kr

값 13,000원
ISBN 978-89-6287-100-5 13320

※이 책 내용의 일부 또는 전부를 재사용하려면 반드시 (주)미래와경영의 동의를 얻어야 합니다.
  잘못 만들어진 책은 구입하신 서점에서 교환해 드립니다.
※이 책은 2010년 출간되었던 내 생애 가장 소중한 시간의 리뉴얼판입니다.

　　오랜 시간 동안 암으로 고통을 받고 있는 환자들을 가까이 지켜보면서 나는 믿음과 희망과 치유법이 얼마나 중요한지 새삼 깨닫게 되었다. 암 환자와 그 가족들이 보여줬던 믿음, 희망 그리고 치유법은 암의 이면에 존재하는 또 다른 사실들을 깨닫게 해주는 계기가 되었다. 암은 재앙으로 다가오지만 그로 인해 감사하는 마음이 더 돋아나고 암 때문에 더 인간답게 살아갈 수 있는 계기가 되는 것을 볼 수 있었다. 암에 걸린 환자들 중 많은 사람들은 오히려 새로운 삶을 위한 전환점으로 받아들인다. 그래서 삶의 참된 의미를 새롭게 되새기면서 새롭게 태어나려는 진통을 겪고 있는 것이라고 생각하고 자신의 몸을 더 소중히 여기고 관리하는데 각별하게 신경을 쓴다.

여기서 필자가 여러분들에게 전하고픈 얘기들은 암에 걸렸던 환자들이 겪었던 믿음과 희망과 치유법에 대한 감동적이고 도움을 줄 수 있는 얘기들이다. 여러분 자신이나 혹은 사랑하는 사람이 암 선고를 받았다면 이 책 안에서 전하는 얘기들을 통해 용기를 얻을 수 있을 것이다. 또 곁에서 지켜봐야 하는 사람들이 가져야 하는 마음가짐과 자세들에 대해서도 많은 것들을 배울 수 있을 것이다. 암으로 고통받는 힘든 시간들을 이겨낼 수 있는 많은 방법들과 암을 통해 배우게 되는 인생의 또 다른 면들에 대해서도 알게 될 것이다. 각각의 얘기 말미에 그 얘기를 통해 배울 수 있는 교훈들과 지혜들에 대해 필자의 개인적인 의견을 첨가했다.

왜 이런 얘기들을 소개하려고 하는 걸까? 자신과 비슷한 고통을 겪고 있는 다른 사람들의 얘기를 들으면 도움이 될 것이라고 어떻게 생각하게 되었을까? 비유를 들어 간단히 말하면 지나가는 나그네가 그 마을 사람을 도와주기는 힘들기 때문이다. 즉, 암과 싸워 이겨낸 사람의 경험담만이 다른 암 환자에게 직접적인 도움을 줄 수 있기 때문이다. 이 책 안에 나오는 주인공들이 했던 노력들을 통해 용기와 희망 그리고 믿음을 볼 수 있다. 주인공들의 열망과 확고한 의지 그리고 결단력이 어떻게 나타나고 있는지도 볼 수 있다. 그리고 모든 얘기들 속에서 자신과 사랑하는 사람들에 대한 책임감으로 똘똘 뭉친 행동들을 했을 때 인생의 새로운 전환점

을 맞이하게 된다는 사실 또한 보게 된다.

자신에 대한 믿음, 사랑하는 사람들에 대한 신뢰 그리고 종교적인 신앙심은 살아가는데 꼭 필요한 것들이다. 산다는 건 그 자체가 힘들고 때로는 아무 의미없어 보이는 일들로 인해 고통을 받는다. 그렇기 때문에 믿음과 신뢰와 신앙심이 있어야 힘든 시간을 버텨낼 수 있고 살아가는 의미를 가질 수 있다. 자신이나 사랑하는 사람이 암 선고를 받은 후 하루하루를 소중하게 지내기로 마음을 먹었다면 그 무엇보다 믿음과 신뢰와 종교적인 신앙심이 필요하다. 신은 애초부터 세상을 완벽하게 만들지 않았다. 아마 모든게 완벽히 갖춰진 세상에 태어났다면 살아가는 의미를 전혀 느끼지 못했을지도 모른다. 또 그런 세상 안에 있었다면 생명의 소중함을 전혀 알 수도 없고 무엇이 축복받은 것인지도 모른채 살아야 했을 것이다.

사는게 왜 이런지 원망스럽기도 하겠지만 믿음만이 유일한 돌파구이다. 자신에 대한 믿음이든, 사랑하는 사람에 대한 믿음이든 또는 종교적인 믿음이든 확고한 믿음만 있다면 암을 선고받은 후에도 흔들림없는 모습을 가질 수 있다. 믿음만 있다면 어떤 일이 닥치더라도 긍정적으로 받아들이고 오히려 전화위복의 계기로 삼기도 하며 사랑하는 가족들을 배려하는 모습도 보이게 된다.

미국의 여류 시인인 에밀리 디킨슨 Emily Dickinson 1830년~1886년 의 작품 중에서 '희망은 날개 달린 것' 이라는 시詩가 있다.

"희망은 날개 달린 것 영혼 가운데 앉아

가사 없는 노래 부르네 그치지 않는 그 노래"

인간에게 희망이 없다면 살 수 있을까? 의사나 다른 사람들이 전하는 말 때문에 희망이 무너져 내리는 것을 느끼게 되면 온 몸에 기운이 빠지면서 면역 체계나 호르몬 수치도 영향을 받아 건강도 나빠진다. 희망은 수치로 나타낼 수 없는 보이지 않는 것이다. 하지만 희망을 주는 말 한마디는 환자에게 커다란 믿음과 사랑과 용기를 심어준다. 희망을 가져야만 즐거움도 생기는 법이다.

즐거움은 가족이나 친구 등 사랑하는 사람과의 관계 속에서 나타나기도 하고 때로는 사랑하는 애완용 동물들에게서 받기도 한다. 누군가를 사랑하고 사랑받는다는 감정은 삶에 큰 힘이 되기도 하고 의미있는 생활을 하게끔 만들어주기도 한다. 흔히 사람들은 물질적인 것들을 통해 행복을 찾으려고 하지만 그런 것들이 주는 행복은 일순간에 지나지 않는 다는 것을 나중에 깨닫게 된다. 돈을 많이 벌어 성공하는 것 역시 마찬가지이다.

진정한 즐거움과 성공은 오로지 행복을 느낄 수 있는 일을 했을 때만이 얻을 수 있다.

암을 선고 받은 후 오히려 많은 사람들은 인생을 더 충만되게 보내는 경우가 많다. 암이 주는 여러 고통은 하루를 더 바쁘게 보내게 하거나 아니면 두려움과 걱정 속에서 지내게 만든다. 선택은 개인에 따른 문제이겠지만 자신의 삶을 재조명해볼 수 있는 기회로 삼는 사람들이 더 많다는 사실을 알았으면 좋겠다. 자신의 진정한 정체성을 찾을 수 있는 기회로 여기는 사람들도 있고 이것저것 생각 안하고 자신만을 위한 결정을 할 수 있는 선택의 자유를 누리는 사람들도 있다. 이 책을 읽는 독자들에게 바램이 있다면 얘기 속 주인공들처럼 암을 무서운 병으로만 생각하지 말고 인생의 새로운 면을 볼 수 있는 계기로 삼았으면 하는 것이다.

마음의 병을 낫게 하는 것과 육체의 병을 낫게 하는 것이 있는데, 이 책에서는 마음의 병을 고쳐 강하게 만드는 법에 대해 얘기한다. 그 둘은 전혀 다른 성격을 가지고 있는데 치유와 치료의 차이를 알아야 한다. 마음을 치유해서 더 나은 삶을 살아가는 과정 안에 몸에 대한 치료가 일부분 들어간다고 보면 된다. 몸에 생긴 병을 없애고자 의사의 처방전에 따르는 치료에만 매달리게 되면 병마와 싸우느라 모든 힘을 다 쏟게 되고 나중에는 인생 자체가 전쟁터처럼 될 수 밖에 없다.

의학적인 처방은 단지 수명을 연장시키는 방법이며 치유의 과정 안에 포함되는 일부이다. 몸보다 마음을 먼저 치유해야만 몸에 생긴 병들로부터 자유로워질 수 있다. 그리고 자신 안에 숨어있던 진정한 자아를 발견할 수도 있고 새롭게 다시 태어날 수도 있다. 그런 변화가 일어나기 시작하면 지금 이 순간 살아있다는 사실이 얼마나 고마운 일인지 느끼게 된다. 그리고 계속 살아가기 위해 삶을 위협하는 어떤 장애물도 넘어서려는 노력을 하게 된다.

여러분들의 몸은 여러분을 사랑하고 있기 때문에 어떻게 하면 빨리 나을 수 있는지 그 방법도 알 수 있다. 그렇게 되기 위해서는 무엇보다 여러분의 몸에게 여러분이 자신의 몸을 얼마나 사랑하고 있는지 알게 해줘야 한다. 그리고 여러분의 인생과 여러분 앞에 놓여진 기회들 또한 소중하게 생각해야 한다. 여러분을 포함한 모든 인간은 단순히 생존을 위한 능력 뿐아니라 좀 더 충만하게 살 수 있게 하는 잠재 능력을 가지고 태어났다. 암은 죽음을 의미하는 질병이 아니라 오래된 상처를 치유해서 새로운 삶을 살아갈 수 있게 하고 믿음과 희망 그리고 즐거움이라는 인생의 동반자들과 함께 할 수 있는 기회를 주는 것이라고 받아들이자.

필자는 여러분에게 이렇게 말하고 싶다. 지금부터 다른 사람들에 대한 책임감으로 하루하루를 지내기보다는 오로지 여러분 자신만을 위해

보낼 수 있게 하자. 여러분 자신의 즐거움이 먼저가 되도록 하자. 필자가 지금까지 지켜봐 온 수많은 치유의 과정들 중에 어떤 이들은 이사를 하기도 하고, 직업을 바꾸기도 하고, 이혼을 하는 사람도 있는가 하면 직장을 그만두는 사람도 있고 바다가 보이는 집을 새로 사기도 하는 사람도 있었다. 무슨 일이 됐던 조금이라도 더 즐겁게 살고 싶다는 생각으로 한 결정이었을 때만이 좀 더 오랫동안 건강하고 행복하게 살아가는 것을 볼 수 있었다. 환자 자신이 먼저 밝게 타올라야 다른 사람들에게도 희망을 줄 수 있다.

필자의 친구 중 한 명은 암 선고를 받고 바로 산속으로 집을 옮겼다. 어렸을 때부터 산에서 살아보는게 꿈이었던 그 친구는 얼마 남지 않은 시간동안이라도 자신의 꿈을 실현해보고 싶다는 생각으로 모든 걸 정리하고 산으로 들어갔다. 그 뒤 필자는 한동안 그 친구를 잊고 지내다가 그 친구에 대한 아무런 연락이 없어서 가족들이 깜빡 잊고 내게 장례식에 오라는 말을 하지 않은건가라고 생각했다. 혹시나 하는 마음에 그 친구에게 전화를 걸었더니 놀랍게도 친구가 밝은 목소리로 전화를 받았다. 그리고 내게 이렇게 말했다.

"여기는 죽고싶지 않을만큼 너무 아름다워!"

이 책은 암이나 큰 병으로 고통받고 있는 사람들에게 용기와 격려를 줄 수 있는 작은 선물이다. 믿음과 희망 그리고 기쁨으로 마음과 몸의 모든 병을 고칠 수만 있다면 두려움과 걱정은 사라지게 된다. 필자가 지금까지 용기있는 수많은 환자들 곁에서 그들을 지켜보면서 얻은 틀림없는 사실이다. 필자에게 많은 것들을 깨닫게 해준 그들의 이야기는 여러분에게도 마찬가지로 많은 것들을 가르쳐 줄 것이다. 인간이 가진 힘이 얼마나 위대한지 그리고 진정한 삶이 무엇인지 알 수 있을 것이다.

Contents

믿음 FAITH
PART.1

"암 때문에 내가 얼마나 더 큰 고통을 받아야 하는 겁니까?" 한 손에 수화기를 든 채 거실 한가운데 우두커니 서서 신을 원망하고 있었다. 왜 이렇게까지 나한테만 시련을 주는 건지 정말 모든게 불공평해 보였다. 연달아 걸려온 두 통의 전화…. 첫 번째는 이혼한 전 남편과 벌이고 있었던 세 아이의 양육권 소송에서 패했다는 전화였다. 그리고 두 번째는 더 우울한 소식으로 유방암이 재발했다는 담당 의사의 전화였다.

내가 앞으로 할 수 있는 게 뭐가 있을까? 더 이상 양육권 소송을 계속할 돈도, 심지어 사랑하는 아이들을 보러가기 위한 비행기 값도 없었다. 나에겐 오직 우울한 미래뿐이었고 아무런 희망도 보이지 않았다. 더 이상 살아가야 할 아무런 이유도, 그럴만한 힘도 남아있지 않았다. 자살만이 내가 택할 수 있는 유일한 방법처럼 보였다.

　하지만 자살을 결심한 바로 그 순간 신이 내게 주신 또 다른 길이 있을지도 모른다는 생각이 불현듯 스치고 지나갔다. 그리고 나도 모르게 그 자리에서 무릎을 꿇고 눈물을 흘리며 신에게 살고 싶다고 애원을 했다. 수많은 역경과 고난 그리고 병으로 얼룩진 내 인생 때문에 난 지금까지 사는 것 같지 않게 살았다. 그래서 신에게 내가 앞으로 어떻게 살아야 하는지 그 길을 알려달라고 간절히 기도를 했다.

　그리고는 무작정 집 밖으로 나와 목적지도 정해놓지 않은 채 막연한 두려움을 안고 차를 몰아 시내로 향했다. 그 때 나는 처음으로 내 자신이 살아 숨쉬고 있다는 것을 강하게 느꼈다. 얼마 지나지 않아 우연히 눈에 띤 점 집을 보고 나는 무언가에 이끌리듯 그 안으로 들어갔다. 그곳에서 점을 봐주던 여자가 내게 이렇게 말을 했다.

　"지금 당신에게 어떤 일이 일어나고 있는지 정확히는 모르겠지만 너무 걱정마세요. 3~4년 안에 다 잘 풀리겠네요."

　나는 그 사람의 말이 제발 맞기를 간절히 바라면서 다시 차에 올라 또 다시 목적지없는 여정을 떠났다. 그렇게 한참을 가다가 도서관 앞에 차를 세웠다. 전에 한번도 가본 적이 없었던 곳이었는데 그 때 왜 도서관 앞에 차를 세우게 됐는지 잘 모르겠다. 도서관으로 들어가 서가에 꽂힌 책들을 이리저리 살펴보기 시작했다. 내가 도서관을 처음 와본게 티가 났던지 나를 도와주려고 도서관 사서가 내게 다가왔다. 마침 그녀의 손에는 사랑과 기적이라는 제목의 책 한권이 들려있었고 "혹시 이 책 읽어보셨나요?"라고 내게 물어왔다. 내가 아니라고 하자 그녀는 그 책을 한번 읽어보라며 내게 건네 주었다. 그 때 내게 필요한게 무엇인지 그녀가 알고 있었던 것은 아니었을까? 어쨌든 막연히 시작된 내 짧은 여정은 그렇게 끝이 났고 그 때의 일을 계기로 내 삶의 치유 과정이 시작되었다.

집에 돌아와 책을 읽는 내내 눈물을 흘렸다. 내가 지금까지 찾고자 했던 모든 답들이 그 안에 있었고 내 기도에 대한 신의 응답일지도 모른다는 생각을 하게 되었다. 신이 내게 주신 그 작은 선물 안에는 내가 살아야 하는 이유들이 있었다. 겸손과 감사를 모르고 살았던 내 자신이 너무나 부끄러웠다. 그리고 벼랑 끝에 매달려 아슬아슬하게 살아가고 있다는 초라한 생각대신 신이 내게 구원의 손길을 내밀었다는 사실에 모든게 기쁨으로 다가왔다. 책을 다 읽고 나자 난 내 인생과 건강에 책임감을 가지기로 마음 먹었다. 한 달 뒤에 있을 정밀검사를 앞두고 있던 나는 먼저 생활 방식을 바꾸기로 했다.

새벽에 일어나 동이 트는 광경을 보면서 하루를 시작했다. 떠오르는 해를 보면서 이렇게 하루를 맞이 할 수 있게 해준 신에게 감사의 기도를 드렸다. 그 때마다 나도 모르게 마음 속 깊이 우러나오는 눈물을 흘리기도 했다. 그렇게 감사하는 마음이 생기자 그 때부터 모든게 나에겐 희망으로 다가오기 시작했다. 기도가 끝나면 곧바로 자전거를 타고 운동을 하고 집에 돌아와 명상의 시간을 가졌다. 그리고 마음 속으로 건강이 좋아지는 모습을 계속 상상했다.

명상을 할 때마다 작은 새 한 마리가 빵 부스러기를 먹고 있는 모습을 상상했다. 그 작은 새는 내 몸 안에 있는 면역 세포들이고 새가 먹고 있는 빵 부스러기는 내 몸 안에서 자라고 있는 암 세포라고 생각을 했다. 매일 그렇게 내 몸 구석구석에 퍼져 있는 나쁜 병균들을 그 작은 새가 쪼아먹으며 다니는 상상을 하면서 내 몸이 좋아지고 있다는 믿음을 가졌다.

그렇게 자전거 타기와 명상을 한지 3주가 되던 어느날 아침, 평소와 같이 명상을 하고 있는데 순간적으로 묘한 기운이 몸 안에 퍼지는 듯한 느낌이 들었다. 그 때 받았던 느낌은 지금까지도 너무나 생생하게 남아있다. 몸이 가벼워지면서 그것은 마치 내 안에 있던 또 다른 나를 보는 듯한 기분이었다. 심장이 갑자기 빠르게 뛰기 시작했다. '이러다 심장 마비에 걸리는거 아니야!' 라는 생각이 든것도 잠시뿐 차분히 앉아 몸과 마음이 흐르는데로 따라가기로 마음먹었다. 잠시 후 멀리서 환한 빛이 다가와 내 몸을 휘감기 시작했고 그 빛 안에서 나는 강력한 에너지를 느낄 수 있었다.

그리고 나는 그대로 바닥에 쓰러졌다. 생전 처음으로 마음 속 깊은 곳에서 우러나오는 평온함이 느껴졌고 얼굴이 아닌 마음의 미소가 흘러 나왔다. 뭔가 기적같은 일이 벌어지고 있다는 것을 순간적으로 직감했다. 그날 저녁 남편이 돌아오자 내가 겪었던 그 일에 대해 얘기해 주었다. 나는 며칠 후에 있을 검사 결과가 좋게 나올 조짐이었으면 좋겠다고 말했다.

검사를 받기로 한날 예정대로 병원을 찾았다. 담당 의사가 내게 전에 찍었던 유방 X선 사진을 보여주면서 오늘 있을 검사에 대해 자세히 설명해 주었다. 전과 같았다면 그 사진을 보고 겁이 났을테지만 며칠 전에 경험했던 그 일 때문에 아무런 걱정도 되지 않았다. 그리고 내게 아무런 일도 일어나지 않을 것이라고 내 자신에게 몇번이나 다짐시켰다. 검사가 끝나고 결과를 기다리고 있는데 담당 의사가 내게 한번 더 X선 사진을 찍어보자고 얘기를 했다.

그렇게 총 8번의 사진을 찍는 것을 보고 난 직감적으로 내 안에 있던 암세포가 모두 사라졌다는 것을 알았다. 마침내 담당 의사가 믿기지 않는다는 듯한 표정으로 모든 게 정상으로 돌아왔다고 말해 주었다. 오히려 나보다 더 기뻐하는 담당 의사에게 지난 3주간 내가 겪었던 일에 대해 얘기해 주었다. 작은 새와 빵 부스러기 그리고 강력한 에너지가 뿜어져 나오던 그 빛에 대해 자세히 말해 주었다. 그러자 담당 의사는 내 두 손을 꼭 쥐며 "그 작은 새가 당신 안에 살고 있었다는 것만으로도 당신은 세상에서 가장 운이 좋은 사람입니다."라고 말했다.

Dr. Siegel's 한마디

"모든 우주만물은 변화를 거치며 정해진 목적지로 향한다."

나는 안젤라가 단순히 운이 좋은 사람이라기보다는 특별한 경우에 해당하는 사람이라고 말하고 싶다. 뭘보고 운이 좋다고 하는걸까?

운이 좋다고 여기기보다는 그녀가 했던 행동들과 경험했던 일들을 비슷한 처지에 놓인 다른 사람들도 경험해 볼 수 있지 않을까싶다.

아이들의 양육권 소송에서 패하고 연이어 유방암이 재발됐다는 소식을 접하고 그녀는 자살을 결심할 정도로 힘들어 했다. 아마 누구나 이런 상황에 처하면 비슷한 생각을 가지게 될 것이다. 그 순간 기적 같은 일이 안젤라에게 벌어지고 그로인해 육체의 죽음으로 모든 것에서 벗어나고 싶다는 생각을 떨쳐 버린다. 오히려 그녀를 옥죄고 있던 답답한 현실들을 이겨내기로 마음을 먹는다.

나는 환자들에게 항상 절대 포기하지 말라고 얘기한다. 그리고 숨 쉬며 살아있는 모든 순간들을 감사한 마음으로 받아들이라고 말을 한다. 아무리 짧은 순간이라도 감사하는 마음을 가지고 지내야 더 좋은 결과가 찾아온다고 조언한다. 우리들 몸은 병과 싸워 이겨낼 수 있다는 신념이 있을 때 비로서 나쁜 병균들을 물리칠 수 있다. 그래서 의학적으로도 스트레스를 적게 받거나 좋은 쪽으로 생각하려는 사람일수록 항체를 만들어 내는 능력도 뛰어나다.

안젤라의 경우는 운이 좋다기보다는 먼저 마음의 병을 고쳐 그녀 자신을 강하게 만들기 위한 노력에 따른 결실이다. 또한 그녀는 자신의 나약함을 인정하고 신에게 의지하면서 내적인 치유에 힘을 쏟았다. 그로인해 암과 양육권 때문에 고통받는 것 대신 살아있는 것에 대해 감사하는 마음을 갖기 시작했고 마지막에는 암까지 이겨내는 결과를 보게됐다. 안젤라의 담당 의사는 아마 안젤라를 통해 많은 것을 배웠을 것이다. 지금 이 순간에도 그 담당 의사는 그녀의 얘기를 다른 암 환자들에게 얘기해주면서 희망어린 격려를 해주고 있을지도 모른다.

안젤라는 책을 통해 마음의 병을 치유하는게 얼마나 중요한지 깨달았다. 의사들도 환자들에게 여러 가지 조언을 해주지만 결국 실행에 옮기는 건 환자 자신들의 몫이다. 아무리 좋은 방법을 알려준다 해도 당사자가 움직이지 않는다면 전혀 쓸모가 없다.

안젤라처럼 강한 의지와 긍정적인 태도 그리고 때에 따라서는 종교적인 신앙심을 가지고 자신을 변화시킬 수 있는 노력을 해야한다. 안젤라가 매일 명상을 통해 상상했던 암 세포를 쪼아먹던 그 작은 새는 모든 일이 다 잘되거라는 자기 암시와 같다. 전쟁터에 나가 적을 무찌르고 승리하는 그런 모습이 아니라 평화로운 모습을 떠올려 정신적인 안정을 취하면서 치유를 해 나가야 한다.

내가 아는 한 여자 환자는 처음에는 커다란 개가 종양을 먹어치우는 모습을 계속 상상했지만 별 도움이 되지 않았다고 했다. 그래서 나중에는 상상 속에서 종양을 모두 얼려버리고 신이 나타나 그 얼음 조각을 녹여 없애는 모습을 계속 떠올려서 좋은 결과를 보기도 했다고 한다.

우리는 안젤라가 했던 것처럼 단 하루도 허투루 보내지 말고 매 순간을 감사히 여기면서 지내야 한다. 아무리 작은 일이라도 즐겁게 맞이하면서 조금이라도 몸을 움직여야 한다. 여러분 마음 깊숙이에 자리잡고 있는 여러분의 또 다른 자신을 보게된다면 모든 게 잘 될 것이다.

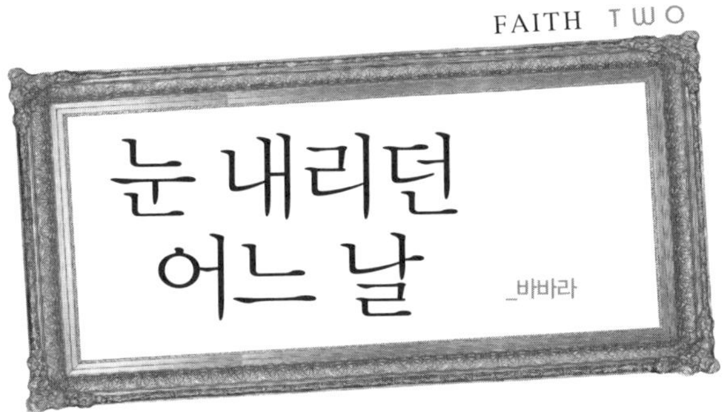

눈이 많이 내리던 날 나는 남편과 함께 어쩌면 마지막이 될지도 모르는 추억을 만들기 위해 집을 나섰다. 살을 베는 듯한 겨울 바람은 우리의 마지막 순간을 더 기억에 남게 하기 위해 애를 쓰는 것처럼 보였다.

길에 수북히 쌓인 눈을 가로질러 천천히 차를 몰아 나갔다. 오늘은 어쩌면 남편과 마지막으로 함께 하는 이별 여정이 될지도 모른다. 그이의 마지막 소원은 자신의 장례식 때 조문객들에게 들려줄 노래를 음악 스튜디오에 가서 녹음하고 싶다는 것이었다. 이젠 무엇하나 마음대로 할 수 없을만큼 쇠약해진 남편에게 오늘은 뜻깊은 날이었고 나 역시 마찬가지였다.

우리 부부가 함께 이렇게 나란히 앉아 멀리 떠나본 게 언제가 마지막이었는지 기억조차 나지 않는다. 암에 걸린 그이는 손하나 까닥하기 힘들어 할 정도로 고통스러워 했다. 하지만 아직은 못다한 삶에 대한 애착이 그이를 지탱해주고 있다는 사실을 나는 알고 있었다.

멀리 떨어진 대도시에 있는 음악 스튜디오를 향해 출발하기 전에 나는 장갑을 꼭 끼고 차가운 핸들을 힘주어 잡았다. 지금까지도 운전에 서툴렀던 내게 오늘처럼 눈이 많이 오는 날에 운전을 한다는 것은 여간 걱정되는게 아니었다. 잘못하면 순식간에 두 사람의 목숨까지 앗아갈지도 모른다는 두려움에 긴장이 많이 됐다. 하긴 최근 몇 년간 내 생활은 두려움 속에 살고 있는 것이나 마찬가지였다. 그때마다 나는 어떻게 하든 두려움을 이겨내려고 애를 쓰면서 사는게 내 삶의 전부가 되었다.

언제부턴가 남편과 나는 거의 아무 말없이 하루를 보내는데 익숙해져 있었다. 특별한 말 없이 우리 둘만의 방식으로 서로에 대한 애정과 믿음을 주고 받으며 지내고 있었다. 오늘 저녁에는 시누이가 찾아오겠다고 했다. 시누이는 별다른 말은 안했지만 이제는 우리 모두가 피할 수 없는 운명을 받아들여야 할 때라고 생각을 하고 그이의 살아 생전 마지막 모습을 보기 위해 오는 것인게 분명했다. 남편도 속으로는 그렇게 생각하고 있을 것이다.

지금까지 난 항상 조수석에 앉아 운전하는 그이를 보는 입장이었다. 언제나 듬직한 모습으로 운전석에 앉아 있던 남편 대신 내가 그 자리에 앉게 될 줄은 꿈에도 생각하지 못했었다. 그이는 커다란 트레일러 운전사였기 때문에 항상 자가용을 몰 때마다 애들 장난감 차같다고 농담을 했었다. 하지만 이제는 더 이상 장난감 차같다던 조그만 승용차의 운전석에도 앉을 수 없게 되었다. 암이 그이에게서 운전대를 빼앗아 버렸기 때문이다.

솔직히 난 몇 주 동안 숨을 쉬는게 버거울 정도로 힘든 시간을 보내고 있었다. 남편 대신 생계를 책임져야 하는 가장으로서 느끼는 두려움이 너무 컸었기에 매일 밤 눈물을 흘렸다. 그리고 머지 않아 남편을 보지 못할지도 모른다는 두려움에 울음을 그칠 수 없었다. 낮에는 쉴 틈도 없이 두 가지 일을 하느라 몸이 녹초가 됐고 그런 몸을 이끌고 집에 돌아와서는 남편을 보살펴야 했다. 그래서 난 이미 오래전부터 정신력 하나로 간신히 버티고 있는 상황이었다. 간병인이 있긴 하지만 그래도 난 그이의 아내이다. 아무리 힘들어도 겉으로 태연하고 씩씩하게 보여야 하는 슈퍼우먼인 아내의 모습을 보이고 싶었다.

난 앞으로 계속 살아가야 하고 그이는 곧 눈을 감게 될 것이다. 인정하기 싫지만 받아들일 수 밖에 없는 쓰디 쓴 현실이 그랬다. 남편이 제일 힘들어 하는 부분이기도 하다. 그는 이제 겨우 쉰 한 살밖에 안됐는데 세상과의 모든 인연을 끊어야 하는 순간이 코 앞에 닥친 것이다. 그리고 우리 부부의 사랑도 그이의 죽음과 함께 반쪽짜리 사랑이 될 수 밖에 없음을 의미했다. 이런 암울한 시간들 속에서 나는 얼마전 로스쿨을 무사히 졸업하는 경사스러운 일이 있었지만 마냥 기뻐할 수도 없었다. 죽음을 앞두고 있는 남편을 생각하면 너무 큰 죄책감이 들어 들어내놓고 좋아할 수도 없었다. 그이가 울고 있을 때 아내인 내가 웃고 있는게 말이나 될 법한 일인가? 지금 차 안에 나란히 앉아 있는 우리 둘 중 한 사람은 죽음을 향해, 또 한 사람은 삶을 향해 가고 있다. 나는 기쁜 일이 있어도 속으로 웃어야 했고 그이는 슬픈 일이 있어도 나를 위해 속으로 울어야 했다.

운전 중에 우리 둘은 그동안 함께 살아왔던 날들을 하나 둘씩 얘기하며 회상에 잠겼다. 우연히 만나 영화 속 얘기같은 사랑에 빠지게 된 순간부터 시작해서 함께했던 추억들을 모두 끄집어 내며 이런저런 얘기를 했다. 하지만 얼마 후 그이가 떠나고 나면 그때는 나 혼자 떠올려야 하는 추억들이다.

우리가 결혼하고 처음으로 내가 운전하는 차에 앉아 멀뚱히 앞을 바라보고 있는 그이는 지금 어떤 생각을 하고 있을까? 나처럼 굉장히 낯설어 할까? 처음으로 서로의 자리를 바꾸어 앉아 먼길을 떠나고 있는 이 모습이 낯설지만 인정할 수밖에 없는 현실임을 안타까워하고 있을까?

흘러간 시간들을 되돌릴 수 없음이 안타깝긴 하지만 언제나 지난 날들만 그리워 할 수는 없다. 그래서 나는 지금이라는 순간들을 큰 선물이라고 생각하고 감사하며 지내기로 마음 먹었다. 그런 면에서 오늘도 앞으로 혼자 살아야 하는 내 자신뿐 아니라 그이와 함께하는 마지막 여정이라는 뜻깊은 순간이라고 생각하고 감사하는 마음으로 받아들이고 있다.

차 안에 있는데도 밖에서 부는 겨울 바람이 느껴질 정도로 지독하게 추운 날이었다. 조심스럽게 눈을 헤치며 앞으로 나아가는 만큼 익숙해져 있던 거리의 모습들이 차츰 사라지고 전혀 생소한 거리들이 나타나기 시작했다. 앞으로 우리 두 사람에게 펼쳐질 운명처럼 말이다. 한 번도 가보지 못했던 길을 처음으로 운전해서 가듯이 우리 둘 다 머지않아 한번도 경험해보지 못한 각자의 길을 가야만 한다. 익숙했던 모든 환경들이 머지 않아 모두 바뀌게 될 것이다.

운전하는 내내 남편은 내게 잘하고 있다고 격려의 말을 해줬고 진심으로 나를 믿는 눈치였다. 처음에는 굉장히 불안하고 무서웠지만 차츰 자신감도 생겼고 내 자신을 믿게 되었다. 이정표를 보면서 조심스럽게 운전한 끝에 마침내 우리는 음악 스튜디오가 있는 빌딩까지 무사히 도착했다.

녹음 작업은 빠르게 진행되었고 마지막 노래까지 별 탈 없이 녹음이 끝나자 그곳에 있던 사람들은 한사코 돈을 받지 않으려고 했다. 이 노래가 어디에 쓰일지 알고 있었기 때문에 돈을 받고 싶지 않다고 했다. 그렇게 해서 우리 둘에게 의미가 남다른 테이프를 무사히 손에 들고 다시 집으로 향할 수 있었다.

인생은 꼭 완성된 그림이 어떤 모습인지 모르고 맞추는 퍼즐같다. 신은 알고 계시겠지만 나는 항상 인생의 퍼즐을 맞추다 보면 내가 어디서 무엇을 맞추고 있는 건지 답답할 때가 많다. 신께서 남편을 거두시고 나만 홀로 이 세상에 남겨놓으신 이유가 있을 것이라고 믿고 싶다.

암은 내 인생을 송두리째 앗아가려고 하고 있다. 이미 내 몸은 만신창이가 되었고 감정은 메말라 가고 있었다. 내가 그나마 할 수 있는 일이라고는 제발 그이를 살려달라고 기도하는 것뿐이었다.

집으로 돌아가는 길에 어디 멀리 도망쳐서 고통만이 가득한 내 집으로 절대 돌아가고 싶지 않다는 생각이 간절히 나기도 했다. 집에서 죽어가고 있는 그이를 보고 있는 것도 두려웠고 그 후의 일을 어떻게 헤쳐나가야 할지도 막막했다.

솔직히 지금 내게는 말 못할 비밀이 또 한가지 있었다. 그 사실 때문에 내가 받고 있는 고통이 더 커졌을 수도 있다. 얼마 전 내 가슴에 작은 혹이 발견되어서 정밀 검사를 받아야 한다는 연락을 병원에서 받았다. 내 왼쪽 가슴 밑에 있는 그 작은 혹 한 덩어리가 내 인생에 어떤 영향을 미치게 될지 모르겠다. 암일까? 신이 이제는 나까지 데리고 가실려고 하는 걸까?

나는 차마 이런 말을 남편에게 털어놓을 수가 없었다. 나만은 아무런 문제없이 씩씩하게 그 자리를 지키고 있다고 믿게 해주고 싶었다. 서른 살에 그이와 결혼해 지금까지 난 언제나 강하고 용기있는 아내였다. 그리고 머지않아 미망인이 되어야 하는 여자일지도 모른다.

집으로 가는 길에 그이는 피곤했는지 이내 잠이 들었다. 또 다시 나 혼자 남겨진 시간이 되었다. 그리고 또 다시 눈물을 훔쳐야 하는 시간이었다. 하지만 약해져서는 안된다. 내 자신이 약해지려고 할 때마다 난 "희망이라는 숨을 들이 마시고 사랑이라는 숨으로 내뱉자."라는 문구를 되새긴다. 내가 힘들 때마다 희망과 사랑과 믿음이 나를 일으켜 세워줬고 나를 지탱해 왔다.

이번에도 마찬가지로 "왜?", "왜?"라는 말들이 나를 괴롭혔지만 내 마음 깊숙이에서 다른 때와 똑같은 대답이 울려퍼졌다. "이건 네가 받아들여야 할 너의 운명이야. 남아있는 시간만이라도 감사하게 생각해야 해!"

기도할 때마다 신은 내게 이렇게 말씀하신다. "사랑하는 내 딸아, 나는 네게 다시 한번 삶을 생각해 볼 수 있는 기회를 주었다. 인간의 삶은 보잘 것 없는 한 순간에 지나지 않는다. 그러므로 네게 주어진 시간을 기쁜 마음으로 받아들이고 다른 사람들에게 희망을 줄 수 있는 사람이 되거라. 네가 슬픔에 빠져 허우적거리고 있는 지금 이 순간에도 누군가가 너의 도움을 간절히 원하고 있을 것이다. 모든 것을 잃었다고 생각하겠지만 결국에는 진정한 기쁨을 찾을 수 있게 될 것이다.”

낯익은 거리가 보이면서 집이 가까워지기 시작했다. 우리가 살고 있는 집은 아파트였는데 멀리서 우리 집을 볼 때마다 은신처이자 동시에 감옥과 같다는 생각을 하곤 했다. 그곳을 빠져 나올 수 있는 방법은 죽음이라는 이름의 간수가 열쇠를 따고 문을 열어줄 때 뿐이라는 생각도 했다.

그 때가 되면 남편은 더 이상 암 때문에 고통을 받지 않아도 되고 나 혼자만의 새벽을 맞이하게 될 것이다. 또 내 몸에 있는 작은 혹을 치료해야 할 것이다. 남편의 인생에서 더 이상 내가 할 수 있는게 아무것도 없어질 것이고 그이가 떠난 빈자리는 다른 일들로 채워질 것이다. 그리고 언젠가는 내게도 웃는 날이 찾아올 것이다.

시간이 지날수록 내 손이 뻗치지 못하는 곳에서 신이 남편의 손을 꼭 부여잡고 계신다는 생각이 든다. 그래서 마지막 순간만큼은 그가 아무런 고통도 받지 않고 평화로운 곳을 찾아 갈 수 있기를 바라고 있다. 그리고 그 마지막 순간만큼은 나와 단둘이 맞이했으면 좋겠다. 그래서 내 마음 속에 그이의 마지막 모습을 영원히 간직할 수 있기를 바랄 뿐이다.

아마 그 시간은 우리 두 사람 모두에게 새로운 출발이 되겠지….

"왜 나한테만 이런 일이 생기는거야?"라고 생각해서는 안된다.
"나는 절대 쓰러지지 않아."라고 생각해야 한다.

바바라는 그녀를 지탱해주고 있는 원동력인 희망과 믿음 그리고
사랑에 대한 얘기를 했다. 물론 그녀가 겪고 있는 두려움에 대해서도
충분히 얘기했다. 여러분이 명심해야 할 사실은 두려움은 위험한 곳
이나 어려운 일을 겪을 때 생기는 자기 방어를 하기 위한 감정이다.
하지만 더 중요한 사실은 두려움은 질병에 대한 면역력을 약화시킨
다는 사실이다. 두려움에 갇혀 떤다고 해서 해결될 일은 아무 것도
없으며 오히려 상황을 더 악화시킬 뿐이다.

바바라는 운전을 하면서 앞으로 자기에게 어떤 일이 닥칠지 다시
한번 실감하고 그 사실에 대해 걱정을 했다. 하지만 정말 그녀가 기
억해야 하는 것은 남편과 둘이 함께한다는 그 순간이다. 운전사 혼자
마음대로 어디로 갈지 정하는 법은 없다. 운전 경험이 아무리 많은
사람이라도 옆에 탄 사람의 의견을 물어보고 목적지를 정한다. 바바
라의 경우에도 바바라가 운전대를 잡았다고 목적지를 정한 것은 아
니었다. 여러분 모두 문득 이런 생각을 해본 적이 있을 것이다. "만약
내가 내일 죽는다면 오늘 하루를 어떻게 보낼까?'

하지만 사랑하는 사람이 내일 죽는다는 것을 알았을 때 오늘 하루
를 어떻게 보낼까라는 생각은 해보지 못했을 것이다. 바바라가 남편

의 마지막 소원을 들어주기 위해 음악 스튜디오를 향해 운전을 했다
는 사실만으로도 그 두 사람에게는 커다란 선물이 된다.

눈물을 보이는 것 역시 괜찮다. 눈물을 참고 감정을 숨기려고만 한
다면 자포자기의 상태에 빠질 수도 있고 모든게 부정적으로만 보이
면서 우울증에 걸릴 수도 있다. 인간은 이성적인 측면과 감정적인 측
면을 동시에 가지고 있기 때문에 그 둘 다를 소중하게 생각하게 해야
한다. 이성적인 측면만 너무 강조해서 인간적인 욕구와 감정을 소홀
히 하게 되면 결국에는 바바라처럼 몸에 이상이 생길 수 있다.

사랑하는 사람에게 무슨 일이 생겼다고 해서 내 자신을 소홀히 하
는 것은 결코 바람직하지 못하다. 환자들은 내가 아프다고 해서 나만
신경써주기를 바라기보다는 오히려 모든 일들을 같이 나누고, 같이
신경쓰기를 바랄 수도 있다. 수많은 연구 자료를 보면 인간은 인생에
서 큰 굴곡을 겪을 때 병에 걸리기 가장 쉽다고 한다. 즉, 스트레스를
많이 받을수록 우리의 몸은 질병 앞에서 나약해 질 수 밖에 없다는
말이다. 그렇기 때문에 환자를 돌보는 사람 역시 자신의 몸에 신경을
많이 써야 하며 관리를 해줄 필요가 있다.

바바라는 죽음이라는 측면을 의연하고 담담하게 받아들이고 있고
인간은 누구나 죽음을 피해갈 수 없다고 생각을 하고 있다. 여러분
모두 바바라의 이런 면을 본받아야 한다. 생명을 위협하는 병에 걸려
야만 죽는게 아니라고 생각을 해야 한다. 그런 병에 걸리지 않고도
일찍 죽을 수 있는게 인간의 삶이다.

죽음을 실패로 받아들이지 마라. 죽음은 인간이라면 누구나 피해
갈 수 없는 운명이다. 바바라가 생각했던 것처럼 마지막 순간까지 남

편과 함께 하면서 아내가 얼마나 자신을 사랑했는지 그리고 사랑하는 사람이 죽고 난 다음에도 혼자 헤쳐나갈만큼 강한 사람이라는 것을 느끼게 해주는 게 좋다.

죽음은 삶이라는 전쟁에서 진게 아니다. 진정한 삶과 사랑을 경험해보지 못하고 죽는게 진짜 지는 것이다. 인생은 우리가 만들어가는 것이기는 하지만 그렇다고 인간의 영역이 아닌 부분까지 넘보려고 해서는 안된다. 어떤 생각을 하고, 어떤 자세를 가지는지는 본인의 결정에 달려있다. 바바라는 그녀가 할 수 있는 범위 내에서 최선을 다하기 위해 열심히 일했다.

자신이 알고 있는 사람들 중 누가 가장 먼저 죽게 될지는 아무도 모른다. 그렇기 때문에 자기 곁에 있던 사람을 떠나보내고 살아야 하는 사람들이 죄책감아닌 죄책감을 가지는 것은 충분히 이해할 수 있다. 하지만 이성적으로 생각해보면 앞뒤가 안맞는 생각이기도 하다. 바바라가 개인적으로 좋은 일이 있었음에도 불구하고 죄책감 때문에 마음 놓고 좋아하지 못한 것은 그녀의 건강에도 좋지 못한 일이다. 인생은 누구에게나 힘들다. 그렇기 때문에 다른 사람을 행복하게 해주려고 내 자신의 기쁨까지 희생시켜서는 안된다. 내가 언제까지 살 수 있을지 정확히 알 수 있다면 모를까….

자신이 무엇 때문에 죄책감을 느끼는지 정확히 이해하고 그것을 통해 자신을 더 좋게 변화시키지 못한다면 더 큰 문제가 된다. 인생을 통해 수많은 문제와 역경을 겪으면서 어떻게 하면 이겨낼 수 있는지를 배워나가야 한다. 그런 경험들을 통해 우리는 동정심과 증오, 분노 그리고 사랑이 어떤 역할들을 하는지 배워나간다.

여러분이 진정으로 잃는게 무엇인지는 여러분의 선택에 달려있다. 사랑하는 사람이 죽었다고 해서 남은 여생을 신을 원망하면서 자포자기의 상태로 살아가는 것도 여러분의 선택이다. 아니면 사랑하는 사람이 죽은 후에 고통 받고 있는 다른 사람들을 위해 살아가면서 사랑으로 남은 여생을 보내는 것도 여러분의 선택이 될 수 있다.

바바라의 얘기는 "우리 두사람 모두에게 새로운 출발이 될것이다."라는 말로 끝난다. 살아간다는 것은 시작의 연속이다. 모든 변화는 우리에게 또 다른 출발을 의미한다.

내 치유 여정

_린 젤러

다른 날과 다를게 하나도 없는 그런 하루였다. 고등학생이었던 아들애의 과학 숙제를 도와주기 위해 문구점에 재료를 사러 갔었다. 아들과 같이 필요한 재료를 고르고 있었는데 핸드폰 벨이 갑자기 요란하게 울렸다. 병원에서 걸려온 전화였다. 담당 의사가 심각한 목소리로 "검사 결과가 좋지 않습니다. 맨틀 세포 임파선암 Mantle Cell Lymphoma - 전체 임파선암의 4~6 % 밖에 차지하지 않지만 완치가 되지않는 악성종양으로 장기에 퍼지기도 하고, 중추 신경계에 번지는 확률도 20% 정도로 높다인 것 같습니다."라고 말했다.

'내가? 에이~ 설마 뭐가 잘못됐을거야.' 라고 생각하면서 문구점에서 재료를 사고 집에 돌아와 아들의 숙제를 도와줬다. 전혀 믿기지 않았고 믿고 싶지도 않았다. 나한테 암이라니? 말이 되는 일인가….

내가 얼마나 건강한데, 매일 운동도 열심히 하고 규칙적으로 생활하고 또 몸에 좋은 음식만 먹고 거기다가 하루도 빠지지 않고 기도와 봉사활동도 열심히 하는데…. 다른 사람이라면 몰라도 난 절대 암에 걸릴 수가 없어. 그러면서 갑자기 머릿속이 뒤죽박죽되면서 모든게 다 끝났구나라는 생각이 들었다. 이건 절대 있을 수 없는 일이야!

얼마 후 정밀 검사 결과 암이 몸 곳곳에 퍼져있는게 발견되었다. 얼마나 더 살 수 있을지조차 가늠조차 할 수 없었고 완치된다는 건 거의 불가능에 가까워 보였다. 그로부터 얼마동안 넋이 나간 상태로 지냈다. 아무런 느낌도, 감정도 없이 멍하게 있기도 하고 때론 마음 한 구석이 너무 아려서 엉엉 울기도 하고 또 때로는 가슴이 너무 답답해지면서 숨을 쉬기가 힘들었다. 더욱이 내가 암에 걸렸다고 내 주위 사람들에게 어떻게 얘기를 해야 할지 너무 막막하기도 했다. 특히 가족들에게는 차마 아무 말도 할 수가 없었다. 내가 겪어야 할 고통과 두려움 뿐만 아니라 가족들이 받을 충격까지 신경을 쓸 수밖에 없었기 때문이다.

그 무렵 난 전문 호스피스가 되고 싶어 2년제 교육과정을 다니고 있었다. 그곳에서 배웠던 내용 중에 모든 병은 우리의 존재에 대해 다시 한 번 생각하게 만들고 또 거짓된 믿음을 사라지게 만드는 계기가 된다고 했던 말이 있었다. 그 말 외에도 그 때는 막연하고 추상적으로 다가왔던 내용들이 막상 내가 큰 병에 걸리게 되고 난 다음에야 정확히 어떤 의미들인지를 알게 되었다. 그래서 내 마음부터 되잡아 나갈 필요가 있다고 생각했다. 나는 두려움에 떨지않고 희망이나 믿음을 버리지 않고 간직하며 지내기로 했다.

그런 마음을 먹고 난 후 항암 화학요법 치료를 받기 시작한지 얼마 되지 않아 나는 친한 친구에게 이런 말을 했다. "지금 겪고 있는 이 경험은 다른 무엇과도 바꿀 수 없을 거 같아. 지금까지 한 번도 경험해보지 못했던 소중한 시간들이야. 지금까지 내가 살아오면서 처음으로 살아 숨쉬고 있다는 게 어떤 의미인지를 알게 되었어. 아마 암에 걸리지 않았다면 절대 모르고 지나쳤을텐데…. 이제는 내 주위에 소중한 것들이 얼마나 많은지 깨달았어. 이건 분명히 하느님이 내게 이런 경험을 할 수 있는 시간을 주신 것이라고 생각해."

이제 나는 암을 무서운 병이라고 생각하기 보다는 신이 주신 또 다른 선물이라고 생각한다. 어느 의사 선생님은 건강하다는 건 "육체적, 정신적으로 완벽한 상태이며, 인간관계도 아무런 문제가 없어야 하고 영혼도 맑고 깨끗한 상태."를 말한다고 했다. 그리고 "기쁜 마음과 열정으로 인생의 모든 순간을 맞이하고 또 자신을 둘러싸고 있는 모든 것들과 하나가 되는 노력과 인식이 있어야 한다."라고 했다. 나는 암에 걸리고 나서 이 말이 정확히 무엇을 말하는지 알게 되었다.

내가 암 치유 과정에서 실천에 옮겼었던 8가지 방법들을 잠깐 정리해봤다. 다른 누군가에게도 커다란 도움이 되길 바라면서….

1. 도움의 손길을 과감히 내 밀어라

내 친구가 이런 말을 한 적이 있었다.

"린, 절대 내가 했던 방법으로 암과 싸우지 마!"

내 친구는 아무한테도 자기가 암에 걸렸다는 얘기를 하지 않았고 치료를 받으러 가야할 때도 혼자 조용히 병원을 찾았다. 그리고 혼자 감당하기 힘들 때만 남편에게 의지했다. 그러다보니 내 친구 부부는 둘다 몸과 마음이 지칠 때로 지쳐 쓰러지기 일보직전이 되었다.

나 역시 내 친구처럼 다른 사람한테 도움 받는걸 불편해 하는 스타일이었다. 웬만해서는 혼자 모든 걸 처리하려고 했고 그만큼 내 자신이 강하다고 믿으며 살아왔었다. 하지만 내 친구의 조언을 따르기로 마음먹고 병원에 갈 때는 항상 남편에게 같이 가자고 말을 했다. 그리고 남편이 부득이하게 못갈 때는 친구나 다른 가족이 화학요법 치료가 끝날 때까지 나를 위해 4시간 30분이나 밖에서 기다리곤 했다. 그 밖에도 친구나 다른 가족들에게 집안 청소를 부탁하기도 했고 내가 쓰고 다닐 모자를 사다 달라고 조르기도 했다.

나는 언제나 내 주위에 있는 사람들이 나를 위해 할 수 있는 일들이 무엇인지 생각했다. 친구나 가족들이 나를 위해 조금이라도 뭔가를 해줄 수 있다고 느끼게끔 할 수 있는게 무엇일까 생각을 했다. 이렇게 다른 사람들에게 부탁하고, 도움을 받고 하는 일들 속에서 내가 배운 것은 '우리' 라는 말의 진정한 의미였다. 겉으로는 다른 이들에게 도움을 받은 것일지 모르지만 실제로는 그들에게 사랑하는 사람을 위해 진심으로 무언가를 할 수 있다는 선물을 준 것이다.

2. 지금 이 순간을 덤덤히 받아들여라

담당 의사는 내가 걸린 암은 치료하는 것도 어렵고 재발할 확률이 높다고 했다. 그 말을 듣는 순간 내 삶이 더 소중해짐을 느꼈다. 그리고 모든 순간순간을 헛되이 보내지 않고 의미있게 지내려고 노력했다. 내게 일어나는 모든 일들을 제 3자적 관점에서 객관적인 시점으로 보려고 했다. 왜냐하면 모든 일을 좋은 것과 나쁜 것으로 구분짓기 시작하면 내 감정이 거기에 따라 휘둘리게 되기 때문에 암 치유에 전혀 도움이 되지 않을 것 같아서였다.

치료를 받기 전이나 받고 있을 때나, 받은 후에나 난 이런 마음을 간직하려고 애를 썼고 그 덕분에 정말 고통스러운 골수 검사도 힘들이지 않고 참아낼 수 있었다. 그리고 이렇게 의연한 마음을 가지는 것은 원치 않은 순간이 벌어질 때 특히 많은 도움이 됐다. 병원에서 치료받는 시간 뿐 아니라 나는 내 삶의 모든 것들을 한층 더 성숙하게 바라볼 수 있는 자세를 가져야 한다는 것을 깨달았다.

3. 감사하는 마음으로 지내라

병원에서 치료받을 때 옆에 있었던 몇몇 다른 환자들이 아직도 기억에 남는다. 그 중 여든 살의 한 할머니 환자가 있었는데 자궁암 말기였고 연세도 많아서 의사들도 더 이상 손을 쓰지 못하는 상황이었다. 하지만 그 할머니는 삶에 대한 애착이 누구보다 강했고 뭐든 다 잘 될거라고 항상 긍정적으로 생각을 하셨다. 그래서 난 될 수 있으면 그 할머니 옆에서 많은 시간을 보내고 싶어 했다. 그 분은 가만히 앉아서 신세 한탄만 늘어놓는게 절대 도움이 되지 않는다고 생각했던 것 같다.

나도 그 할머니처럼 긍정적이고 낙천적인 모습으로 살아가려고 했다. 물이 반만 담긴 컵을 보면서 '이제 물이 반 밖에 남지 않았네.' 라고 생각하기 보다는 '아직도 물이 절반이나 남아있네.' 라는 식으로 생각하는 게 치료에 많은 도움이 된다고 믿었다. 그래서 병원에서도 그 할머니처럼 긍정적이고 좋은 쪽으로 생각을 하는 환자들과 더 많이 어울려 지냈다.

나는 어떤 일이든 감사하는 마음을 가지면 우리의 몸은 자연스럽게 좋은 쪽으로 변화한다고 믿는다. 내 가족과 내 친구와 조금이라도 더 같이 있을 수 있다는 사실에 난 항상 감사하게 생각하고 내가 숨을 거두기 전까지 하나라도 더 많은 추억을 간직하고 갈 수 있다는 사실에 감사해 한다.

내 가족과 내 친구들이 나를 얼마나 많이 사랑하고 있는지 그래서 그 사랑의 깊이만큼 흘리는 눈물을 영원히 간직할 것이다. 그들이 나 때문에 얼마나 많이 아파하고 있는지를 걱정하기보다는 내가 얼마나 그들을 사랑하고 있는지를 아낌없이 보여주려고 노력했다.

4. 꿈을 버리지 마라

내가 예전에 읽었던 어느 책에 '살려는 의지와 희망이 무엇보다 중요하다.' 는 내용이 있었다. 그래서 난 희망을 잃지 않으려 노력만 한다면 내 건강도 다시 좋아질 수 있다고 믿으며 지내기로 마음 먹었다. 삶에 대한 열정과 열의만이 필요할 뿐이라고 생각을 했다.

그리고 다른 누구의 말보다 내 자신을 신뢰하는게 중요하며 조금이라도 의심되는 생각을 떨쳐버려야 한다는 것을 알았다. "혹시 신이 나를 더 좋은데로 데려가시려고 하는건가?", "혹시 내 몸이 낫지 못하면 어떻게 하지?", "혹시 다른 치료 방법을 더 많이 받아봐야 하는거 아닌가?" 등의 안 좋은 생각은 과감히 떨쳐버리고 매일매일을 암에서 벗어나는 생각, 건강해지는 생각, 즐겁고 편한 생각들만 하면서 지내기로 결심했다. 두려움이 잠시라도 들라치면 그 때마다 난 위와 같은 결심들을 다시 한번 꺼내들며 마음을 강하게 먹었다.

5. 모든 것은 목적이 있다

나는 인간이 무질서한 우주 속에서 산다고는 생각치 않는다. 인간은 영적인 존재이며 우리가 이 지구상에 온 목적이 존재한다고 믿는다. 그렇기 때문에 우리가 살면서 겪게되는 모든 일들은 나름의 목적이 있고 완전한 자아를 실현해 가는 과정이라고 생각한다. 오랜 세월동안 보잘 것 없는 먼지와 흙덩어리가 모여 아름다운 보석이 되듯이 우리 자신도 그렇기 때문에 절대로 자신을 하찮게 여기거나 나약한 존재로만 봐서는 안된다. 나는 암을 내 진정한 자아를 실현할 수 있게 만들어주는 커다란 해결책이라고 본다.

어느 날 병원에서 화학요법 치료를 받던 중 옆에 있던 한 여자가 내 옆으로 다가와 계속 힘들어서 더 이상 못버티겠다고 그래서 죽고싶다는 말을 되풀이했다. 그 순간 나 역시도 그런 부정적인 생각에 물들지 않을까 걱정이 되 그 여자의 말을 듣지 않으려고 애를 썼다. 그로부터 얼마 후 내가 피하려 했던 건 그 여자가 아니라 내 마음속에 있는 두려움이라는 걸 알았고 그 순간부터 두려움조차 내 마음의 일부분이라 인정을 하고 지내는 법을 배우게 됐다.

6. 내 자신을 소중하게 생각하자

나는 언제나 일이나 사람에 대해 내 자신이 만족스러울 때까지 전념을 하는 강박 관념에 시달리고 있었다. 하지만 더 이상 그런 식으로 내 자신을 몰아가지 않기로 했다.

내가 암 치료를 받기 시작한지 두 달쯤 되었을 때 내 동생과 함께 조깅을 했던 이야기를 잡지에 기사로 실은 적이 있었다. 무척이나 피곤하고 성가스러웠지만 하루라도 빨리 건강해진 모습을 사람들에게 보이고 싶다는 내 자신의 과욕 때문에 힘만 더 들고 몸과 마음은 더 안좋아지고 결국은 고통만 더 떠앉는 꼴이 되었다.

이제는 내 자신에 대해 더 관대해졌고 다른 사람의 시선을 의식하는 일도 거의 없어졌다. 내 몸과 마음에 아무런 도움이 되지 않는 일로 하루를 허비하는 일은 더 이상 없게 되었다.

7. 직감을 따라라

암 치료는 때로 중요한 결정을 내려야 할 때가 많아짐을 의미하기도 한다. 나는 몇 년동안 두 가지 치료 방법을 병행하고 있었는데 자연 치유법을 알려줬던 선생님은 내가 화학요법 치료를 받지 않고도 나을 수 있다고 말했다. 반면에 담당 의사는 그 말에 절대 동의할 수 없다고 강하게 얘기했다. 나는 그렇게 오랫동안 두 가지 방법을 놓고 결정을 해야하는 위치에서 생활을 해왔지만 그 때마다 내 직감이 어떻게 해야하는지를 알려줬다. 그래서 화학요법 치료를 받는 기간 동안 3주간의 공백기간이 생겨서 그 때는 자연 치유법을 통한 보완 치료를 받기도 했다.

8. 함께해라

나는 인간은 절대 혼자일 수 없다라고 생각한다. 내 자신을 치료하고 치유하는 과정도 결국에는 다른 사람들이 좀 더 나은 세상에서 살 수 있게 하는 하나의 방법이 될 수도 있다고 생각한다. 그래서 암으로 고통받고 있는 다른 사람들을 위해 내 자신의 경험을 바탕으로 강연을 하기도 했다. 이 일은 내 정신을 맑게 해줄 뿐만아니라 삶에 새로운 기운을 불어넣어준다.

2002년 내가 50살이 되었을 때 나는 내 인생이 나름 괜찮다고 생각을 했다. 내가 상상했던 충만함이나 기쁨 또는 사랑, 살아가는 목적들이 비록 암 때문에 달라지긴 했지만 그래도 그 모든 것들을 마주볼 수 있었다고 생각한다. 의사들은 더 이상 가망이 없다라고 말을 했지만 나는 그로부터 3년 반이라는 시간을 더 살고 있다. 앞에서 말한 여덟가지의 마음

가짐과 실천이 분명 나를 더 살 수 있게 해줬다고 확신한다. 그리고 그 동안 새롭게 개발된 신약新藥의 도움을 받기도 했다. 내가 문구점에서 서있었던 그날보다 지금의 내 인생은 더 빛이 난다. 내 아들은 이제 고등학교를 졸업하고 어엿한 대학생이 되어 더 큰 세상을 품기 위해 준비 중이다. 이제 나도 더 큰 세상으로 나아갈 준비를 하고 있다.

Dr. Siegel's 한마디

"죽음이라는 운명을 받아들이는 일은 여러가지로 힘들지만 그렇다고 나쁜 일만 있는 건 아니다."

린 젤러는 필자가 하고픈 얘기를 모두 했다. 이 이야기 안에서 그녀가 했던 말들은 모든 사람들이 꼭 알아야 하는 내용들이다. 그녀가 얻은 지혜는 결코 쉽게 얻어지는게 아니라 끔찍한 일들을 겪는 과정에서 경험으로 얻는 것들이다. 그녀도 처음에는 상실감으로 힘들어 했고 가족들이 받게 될 상처들을 걱정해 아무 말도 하지 못하면서 자신보다는 가족들의 기분을 먼저 생각해서 더 힘들어 했다. 여기까지는 투병생활 도중에 의지를 포기하는 사람들과 같은 모습이다. 여러분도 목숨을 위협하는 질병에 걸리게 되면 자기 자신을 주체할 수 없게되고 가족들에게 어떻게 말을 해야 할까라는 커다른 고민에 빠지게 될 것이다.

하지만 그 뒤에 주인공 린은 변화하기 시작하면서 새롭게 태어난다. 여기서 우리는 자기 자신을 변화시킬 수 있는 건 본인 이외에는 어느 누구도 불가능하다라는 사실을 명심해야 한다. 변화하려는 의지와 자기 자신에 대한 책임 그리고 실천이 필요하다. 주인공 린은 자신을 치유하기 위해 필요한 모든 자원들을 자기에게 맞게 재구성해서 중대한 변화의 계기로 삼는다. 그녀는 더 이상 통제 불능에 빠진 낙오자의 모습이 아니었기 때문에 자신의 의지력에 따라 생각과 행동을 밀고 나갈 수 있었다. 그리고 그녀의 병을 바라보는 관점을 다르게 가질 수 있게 만들었다.

암이 그녀에게 가르쳐준 여러 가지 면들 때문에 주인공 린은 암을 하나의 선물이라고 생각을 했다. 그래서 필자는 분명 중간에 포기하는 일 없이 그녀가 자신에게 내린 선물이라고 생각한 그 암에서 벗어날 수 있었다고 생각한다.

린이 만들었던 리스트는 생존에 대한 강한 의지를 보여주기에 충분했고 스스로만의 면역성을 갖출 수 있도록 역할을 했던 것처럼 보인다. 필자는 분명 의사들이 그런 리스트들을 환자에게 보여준다면 환자들에게 많은 도움이 될 수 있다고 믿는다. 주인공 린이 다른 환자들을 위한 강연 활동을 했다는 것은 우리가 아파서 병원에 갈 때 사랑하는 누군가와 함께 가면 덜 아프고, 덜 고통스럽다는 연구 자료와 일맥 상통한다. 또한 린은 순간의 소중함을 깨달았다. 우리가 매 순간을 걱정으로 허비하는 것보다 긍정적으로 생각하고 마주해야 발전적인 미래를 만들 수 있다는 사실을 잊지 말기 바란다.

또한 감사하는 마음을 주고받는 게 굉장히 중요하다. 다른 사람이 여러분을 어떻게 생각하는지는 그 사람들의 마음에 달려 있는 부분이다. 강요할 수 있는 성질의 것이 아니다. 주인공 린은 암을 겪으면서 다른 사람들이 자신을 어떻게 생각할까라는 쓸데없는 고민을 과감히 떨쳐버리는 용기를 가지게 되었다.

생존에 대한 의지와 지혜는 자연스럽게 일어나야 한다. 우리들 마음 안에서 그런 자세들이 자연스럽게 일어나게 하기 위해서는 노력을 해야한다. 기적이라는 건 우연히 일어나는게 아니다. 기적은 주인공 린처럼 노력하는 사람에게 일어나는 법이다. 또한 그녀는 절대 안 되라는 생각을 하지 않았다. 여러분이 지금 이 순간에 가져야할 가장 중요한 자세가 바로 그것이다. 여러분이 결정을 하고 직접 행해라. 다른 사람들의 부탁이나 강요에 못이겨 억지로 하는 결정이 되어서는 안된다.

마지막으로 주인공 린이 했던 말 중에서 언젠가는 더 좋은 치료약이나 치료 방법이 개발되어 큰 도움이 될 수 있다는 것을 명심하기 바란다. 기술이나 과학의 발전이 여러분에게 또다른 선물을 안겨줄 수 있다는 사실을 잊지 말도록 하자.

린처럼 항상 처음이라고 생각을 하자. 우리 모두가 인생을 살아가면서 가질 수 있는 변화와 새롭게 태어나는 일, 치유는 결코 끝이 없다.

내 동생 남편인 짐 로마노는 서둘러 어린 두 아들의 수업이 끝나기 전에 유치원 앞에 도착해 있으려고 차를 몰았다. 하지만 짐의 마음은 온통 수심이 가득했고 정신은 다른데 가 있었다. 곧이어 그의 눈에 맺힌 눈물이 터져나오기 시작했고 울음을 멈출 수가 없었다. 더 이상 차를 몰아 갈 수 없을 정도가 되자 짐은 갓길에 차를 세우고 엉엉 소리내어 한참을 울었다. 13개월 된 막내 딸이 백혈병이라는 진단을 받고 내 동생과 짐은 그렇게 한없이 울었다.

기껏해야 2년 남짓의 시간만이 내 동생 식구들이 막내 딸 제이미와 함께 할 수 있도록 허락된 시간이었다. 동생 남편인 짐은 자신의 일을 하면서 동시에 두 아들, 다섯 살인 앤드류와 네 살인 미쉘의 양육을 책임져야 했다. 그리고 내 동생인 안드레아는 병원에서 제이미를 돌보는 일에만 전념을 했다. 그리고 처음에는 온 가족이 제이미를 살리기 위해 힘을 모았던 일이 지금은 소아암과 싸우고 있는 불쌍한 어린 아이들을 위한 기금 마련 이벤트가 정기적으로 열리는 계기가 되기도 했다.

단풍이 유난히 이쁘게 들었던 2000년 어느 가을날 나와 내 남편은 내 동생 안드레아네 식구와 함께 산속에 있는 통나무 집을 빌려 다 같이 바람을 쐬러 간 적이 있었다. 나는 거기서 조카 셋을 데리고 숲 속 오솔길을 걸으며 그 아이들과 함께 재밌는 시간을 보냈다. 하지만 그 중에서도 아무 것도 모르고 천진난만하게 웃고 있던 제이미의 눈을 결코 잊을 수가 없었다. 특히 그 아이의 파랗고 큰 눈동자는 보는 사람을 반하게 만들만큼 이뻤다. 그리고 내 손을 꽉 잡고 놓지 않으려고 했던 제이미의 손길은 너무나도 따듯하게 느껴졌다. 내 남편은 제이미의 이국적인 지중해 빛 눈동자가 이태리 혈통인 아버지를 닮아 그런 것 같다고 얘기했다. 그렇게 다들 제이미의 재롱에 흠뻑 빠져있을 동안 내 동생 안드레아가 다음 주에 병원에서 정밀 검사를 받을 예정이라고 말을 했는데, 그 당시만 해도 앞으로 제이미에게 어떤 일이 벌어지게 될지 아무도 몰랐었다.

단풍놀이를 갔다 온 다음 주 우리는 제이미가 백혈병에 걸렸다는 청천벽력같은 소식을 듣게 되었고 나와 내 남편은 하루종일 집에서 제이미 걱정에 아무 것도 하지 못했다. 내 동생과는 사는 곳이 멀리 떨어져 있었기 때문에 바로 달려가 볼 수도 없었고 제이미가 화학요법 치료를 시작했다는 말을 듣고는 울면서 남편과 함께 기도를 했다.

화학요법 치료는 제이미같은 아이에게는 너무 잔혹하리만큼 고통스러운 치료 과정이다. 제이미의 머리가 하나 둘씩 빠지기 시작했고 떨어진 면역력 때문에 다른 병균에 쉽게 감염되지 않을까 조심해야 했다. 그리고 제이미의 가느다란 팔은 더 이상을 주사를 놓기 힘들 정도로 온통 주사바늘자국으로 멍울져 있었다. 너무 어려서 말도 못하는 제이미가 할 수 있는 것이라고는 우는 것 뿐이었다. 필요한 게 있거나 아플 때마다 자신의 의사 표현을 울음 소리로 할 수밖에 없었다. 화학요법 치료가 더 이상 제이미에게 별다른 도움이 되지 못하자 이번에는 방사선 치료를 받기 시작했고 제이미는 더 큰 고통을 겪어야 했다.

안드레아가 그렇게 계속 제이미를 곁에서 돌보고 있는 동안 짐은 직장과 집안 일 두 가지를 모두 도맡아 하고 있었다. 그러면서 한편으로는 블로그를 만들어 다른 가족들이나 친구들에게 제이미의 상태에 대해 알리기 시작했다. 그러자 짐의 직장 동료들과 교회 친구들이 발벗고 나서 집에서 먹을 반찬을 해다 주기도 하고 짐이 바쁠 땐 대신 두 아이를 돌봐주기도 하며 짐을 격려해 주었다.

짐은 4 남매 중 막내로 누나와 형들 모두 멀리 떨어져서 살고 있었지만 그들 모두 짐을 위해 먼 걸음을 마다하지 않고 수시로 짐을 도와주기 위해 달려왔다. 짐의 누나는 다니던 직장에 휴가를 내고 짐의 집에 머무르면서 한동안 집안 일을 도와주기도 했다. 그리고 휴가가 끝나자 짐과 내 동생 안드레아가 제이미에게만 전념할 수 있게 두 아이를 멀리 떨어진 자기 집으로 데리고가 그곳에서 돌봐주기도 했다. 그 덕분에 짐은 낮에는 직장에 나가서 일을 하다가 퇴근 후에는 곧바로 병원으로 달려와 안드레아와 교대로 병실을 지키며 틈틈이 블로그에 제이미 소식을 올렸다.

그렇게 몇 달이 지나고 마침내 온 가족이 집에 다시 모일 수 있게 되었다. 안드레아가 집에서 제이미를 돌볼 수 있게 기본적인 의료 교육을 받고 난 후 제이미를 집으로 데리고 왔다. 아직 철부지 어린 나이인 두 아들에게 제이미의 상태에 대해 자세히 설명해주고 각별히 조심해야 된다고 일렀다. 특히 집이 항상 깨끗해야 하고 집안에 아무도 들여서는 안된다는 사실을 단단히 일렀다. 친구를 데려와서도 안되고 함부로 뛰어놀아서도 안된다고 말이다. 제이미는 항상 마스크를 끼고 생활해야 했고 식구들도 모두 조심스럽게 지내야 했다. 기특하게도 제이미는 엄마가 치료를 할 동안에도 얌전히 앉아 별로 울지를 않았는데 마치 자신이 살아남기 위해서는 그래야만 한다고 받아들이는 것처럼 보였다.

나와 내 남편은 제이미가 집에서 치료를 받고 있을 때 몇 번 동생네 집에 간 적이 있었는데, 그 때마다 요리를 좋아하는 내 남편은 동생네 식구들을 위해 이탈리아 요리를 만들어 주었다. 그리고 난 안드레아가 제이미를 돌보는 동안 나머지 두 아이를 데리고 놀아주었다. 식사를 마치고 나면 어른들끼리 마당에 나가 와인을 마시며 제이미에 대한 얘기를 나누며 시간을 보냈다. 제이미가 아프다는 사실이 괴롭기는 했지만 제이미 때문에 그 어느 때보다 가족간의 결속력이 더 단단해졌다는 사실을 모두 공감하는 시간이었다.

제이미에게 안좋은 소식이 그 뒤에 전해졌다. 짐과 안드레아 둘 다 제이미의 골수와 맞지 않아 골수 이식을 할 수 없다는 결과가 나왔다. 그래서 짐은 곧바로 나머지 두 아이를 앉혀놓고 이쁜 여동생을 위해 자신들이 어떤 일을 할 수 있는지를 설명했다. 그러자 그 어린 두 아이는 용감하게도 동생을 위해 검사를 받겠다고 나섰고 다음 날 바로 병원으로 달려가 검사를 받았다. 하지만 불행하게도 그 두 아이의 골수 역시 제이미와 맞지 않았다.

이제 그들에게 남은 방법은 다른 누군가의 골수를 이식 받아야 하는 것 뿐이었는데, 그 중에는 건강하게 태어난 신생아의 탯줄에서 줄기 세포를 떼어내 그걸 제이미에게 이식하는 방법도 포함됐다. 골수 이식을 받기 전날 동생네 식구들은 모두 병원에서 제이미를 멀찌감치 바라보며 기도를 했다. 그런 애절한 모습을 보며 그곳에 있던 간호사들 모두 같이 눈물을 흘렸다고 한다.

골수를 이식받고 1년 가까이 병원에서 치료를 받은 후 마침내 제이미는 건강한 모습으로 집으로 돌아올 수 있었다. 오랜 시간동안 병원에서 화학요법 치료와 방사선 치료를 받아야 했기 때문에 또래 아이들에 비해 발육 상태가 좋지 않아 이제야 걸음마를 배우고 말을 배우기 시작했다. 하지만 제이미는 자신이 늦었다는 사실을 알기라도 하는 양 매사에 적극적이었다. 안드레아는 그런 사실보다는 제이미가 더이상 마스크를 끼지 않고도 밖에 돌아다닐 수 있다는 사실이 더 크게 다가왔고 더 기뻤다고 한다. 식구들이 다 함께 뒷마당에 있는 미끄럼틀에서 놀거나 수박씨를 누가 더 멀리 뱉나 내기를 하는 그런 소소한 일들이 마냥 기쁘기만 했다. 제이미는 가족들 모두에게 기적을 불러온 아이였다.

제이미를 계기로 우리 가족들은 모두 제이미처럼 아픈 아이들을 위한 기금 마련 행사를 정기적으로 벌여나갔다. 모든 일이 그렇지만 이렇게 자선 기금을 마련하는 일 또한 처음에는 결코 쉽지 않았다. 그래서 짐이 앞장서서 자신과 뜻이 맞는 사람들을 모았고 어떻게 하면 자선 재단을 만들 수 있는지 알아보기 시작했다. 인터넷을 통해 다양한 방법들을 알아냈고 무료 법률 상담까지 받았다. 그리고 그와 유사한 일들을 벌이고 있는 다른 사람들을 찾아가 조언을 듣기도 했다. 그렇게 사전 조사를 충분히 한 후에야 마침내 우리들의 생각을 헛되게 하지 않고 행사를 성공적으로 벌여나갈 수 있게 도움을 줄 수 있는 행사 기획자를 만나게 되었다. 복잡한 준비 과정이었지만 처음 품었던 순수한 마음을 모두 잃지 않고 있었기 때문에 모두의 바램이 이루어지게 되었다.

2001년 짐과 그가 다니던 회사는 '기적을 이루자' 라는 재단을 설립했고 첫 번째로 병에 걸려 힘들어 하는 아이들과 그 가족들을 위한 기금을 모으기 위해 걷기 대회를 열었다. 그 첫 번째 행사에는 수백명의 참가자가 모였고 약 만달러의 기부금을 모금할 수 있었다. 지금은 다양한 이벤트를 벌이며 많은 사람들에게 도움을 주고 있다. 주로 소아암으로 고통받고 있는 어린이들이나 평생을 병원 신세를 져야 하는 아이들 그리고 불의의 사고로 몸이 불편한 아이들을 위해 활동한다. 몇 년새에 그 재단은 규모가 더 커졌으며 지금까지 백만달러 이상의 기부금을 마련했다.

그 재단에서 후원하는 주요 행사는 세 가지가 있는데 첫 번째는 5km 가족 걷기 대회로 한번은 제이미가 그의 오빠들과 함께 그 대회에 참가하기도 했다. 가족 모두가 함께 웃으며 즐겁게 결승점을 통과할 때 활짝 웃고 있었던 제이미의 모습은 너무나도 사랑스러워 보였다.

두 번째는 많은 기업들이 스폰서가 되어 마련한 골프 시합으로 참가비를 받아 후원금을 마련하는 행사이다. 주로 가족들이 함께 참가해 2인 1조가 되어 벌이는 경기로 경기가 끝나면 다함께 모여 저녁 식사를 한다. 내가 운영하는 출판사도 이 대회에 스폰서로 후원을 하고 있다.

세 번째 행사는 가볍게 와인을 즐기는 파티로 여기서 모인 돈은 형편이 어려운 가정에게 전달되거나 때로는 가구나 전자 제품을 구입해 주기도 한다. 또 당뇨병으로 고통받는 어린이에게 인슐린 주입 장치를 선물해 주기도 하는가 하면 엄마가 루게릭 병으로 거동이 어려운 집의 일곱 아이들을 위한 크리스마스 선물을 주기도 했다.

제이미가 매년 맞이하는 생일은 의미가 남달랐다. 그 가족들에게는 매년의 생일이 기적처럼 느껴졌기 때문이다. 제이미는 힘든 방사선 치료 때문에 나이에 비해 무척이나 작았고 특히 치아와 장기의 상태가 좋지만은 않았다. 그리고 앞으로 남은 여생동안 계속적으로 치료를 받으며 살아야 한다. 아무리 그렇다 하더라도 제이미는 무척이나 아름답고 활동적이며 영리한 소녀임에는 틀림없었다. 지금도 두 오빠와 함께 즐겁게 뛰어놀고 있고 승부욕이 강한 축구부원이기도 하다. 제이미는 인생에서 가장 큰 고통을 겪었으면서도 한편으로는 가장 완전한 삶을 경험해보기도 했다.

몇 년전 나는 병마와 싸우고 있는 제이미의 손을 꼭쥐며 울음을 참고 있었지만 지금은 제이미가 내게 아무리 힘든 일이라도 용기와 의지가 있다면 싸워 이겨낼 수 있다는 것을 가르쳐 주고 있다. 제이미는 절망에 빠져있던 우리 가족 모두에게 커다란 경외심을 안겨주었다. 희망과 믿음 그리고 의학 기술과 주위 사람들의 도움이 모두 하나가 되어 기적을 만들어 낸 것이다.

"인생은 마라톤이다. 단, 마지막 골인점이 어디가 될지는 각자의 의지에 달려있다."

내가 의대에 다니고 있을 때 그리고 인턴 생활을 할 때 암이나 다른 질병으로 고통받으며 죽어가는 어린 아이들을 볼 때마다 신을 원망하곤 했다. 신이 정말 있다면 왜 여리디 여린 아이들을 그런 고통속으로 몰아넣는지 도저히 이해할 수 없었다. 그리고 어느 누구도 거기에 대해 아무런 얘기도 해주지 않았다.

나이가 들면서 내가 깨달은 사실은 애초부터 신께선 세상을 완벽하게 만들어 놓지 않으셨다는 것이다. 세상을 의미있게 만들어가는 건 우리 인간들이 해야 할 노력이며, 그러기 위해서는 사랑이 있어야 한다는 사실을 깨달아야 한다는 걸 알려주고 싶으셔서 그렇게 만들어 놓으신 걸지도 모른다. 그게 바로 우리가 살아가야 할 이유이고 풀어야 할 문제이다. 시련은 어느 누구의 잘못이 아닌 단지 깨달아가야 하는 부분이라고 생각을 해야한다. 제이미의 부모처럼 자기 자식 때문에 아프고 괴로웠던 마음을 통해 다른 사람들까지 사랑할 수 있는 마음을 가지게 되었다는 사실이 중요하다.

인생에서 끝이라는 건 없다. 항상 새로운 출발만이 있을 뿐이다. 기금을 모으고 다른 사람을 돕겠다는 생각은 우리들의 삶이 궁극적으로 어떻게 되어야 하는지를 말해준다. 이런 새로운 출발은 새로운 삶을 살 수 있다는 말이되고 모든 사람을 사랑하는 마음이 뒷받침되어야 한다. 내가 전에 알고 있던 한 소년은 희귀암에 걸려 시한부 삶을 살아가고 있었는데 어느날 그 소년이 내게 와서

"선생님 왜 나는 다른 애들하고 다른거에요? 내가 무슨 죄가 있다고…."

라고 말을 했었다. 다른 친구들은 길거리에서 신나게 뛰어놀고 있을 그 시간에 자신은 죽음을 기다리고 있어야 한다는 사실을 받아들이기 힘들었기 때문이었을 게다.

난 그 소년에게 "아프고 힘들겠지만 그래도 세상 누구보다 넌 더 멋있어질거야."라고 대답을 했다. 내 말을 듣자 그 소년은 잘 알고 있다는 듯이 내게 미소를 보였고 난 속으로 아무런 도움이 되어주지 못해서 너무 미안하다는 마음의 눈물을 흘렸다. 그리고 얼마 안있어 그 소년의 이름을 딴 재단이 결성되었고 그 소년과 같이 희귀암에 걸린 아이들을 위한 기부금이 마련되었다. 그 소년은 지금까지도 많은 사람들의 마음 속에 사랑으로 남아 지내고 있다.

사랑하는 누군가가 병에 걸려 고통받고 있다면 비슷한 처지에 놓

인 사람들을 위해 자원 봉사나 기부 활동을 통해 또 다른 세상을 만들어갈 수 있는 시발점이 되어야 한다.

몇 년 전 어느날 한 남자가 갑자기 내게 전화를 걸어와 다짜고짜 "제 아들이 백혈병에 걸렸는데 저희와 함께 백혈병 치료를 위한 기금 마련 마라톤 대회에 참가해 주셨으면 합니다."라고 말을 한 적이 있었다. 난 속으로 "마라톤이라니, 미치지 않고서야 어떻게 내가…."라고 생각했지만 결국 그들과 함께 마라톤 대회에 나갔다. 그 이후로 몇 번 그런 기부금 마련 마라톤 대회에 나가게 되었는데 그 때 난 "인생은 마라톤이다. 단, 골인점이 어디가 될지는 각자의 의지에 달려있다."라는 것을 깨닫게 되었다. 그리고 어느 마라톤 대회인지 기억은 나지 않지만 길거리에서 응원을 하던 한 시민이 우리를 향해 "여러분 모두가 진정한 승자입니다."라고 소리쳤던게 아직도 잊혀지지 않는다.

내 개인적인 생각으로는 분명 제이미는 가족들이 걱정하는 것처럼 자신의 병과 신체적인 약점 때문에 힘들어 하며 살지는 않을 것이다. 아이들과 동물들은 때로는 우리에게 좋은 선생님이 되기도 한다. 그들은 신체적 결함이나 문제들을 순수히 받아들이며 아무리 부족한 자신이라도 사랑하며 사는 모습을 보여준다. 제이미와 그 가족들에게 불가능이란 없다. 그들에게는 모든지 할 수 있는 힘이 있어 보인다.

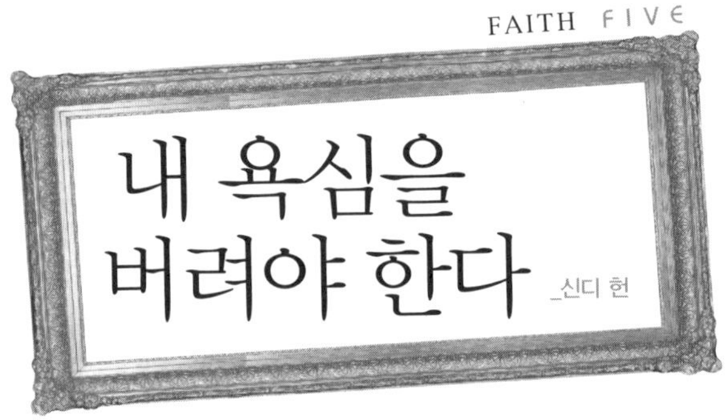

내가 암을 처음 접한 건 여덟살 때였다. 엄마가 병원으로 수술을 받으러 갔던 날 나와 언니는 아무것도 모른채 옆집 아주머니 댁에서 저녁을 먹고 있었다. 배가 무척 고팠었기 때문에 정신없이 먹고 있는데 식당 한 켠에서 그 집 아저씨와 아줌마가 주고받던 귓속말을 우연치 않게 들었다. "재네들 불쌍해서 어떻게 해? 재네들 엄마가 얼마 못살거 같다는데…." 그 말을 듣고 난 더 이상 음식을 씹어 삼킬 수가 없었다. 입안에 한웅큼 들어있던 음식들이 나를 짓누르는 것처럼 느껴졌다. 순간 나는 눈앞이 노래지면서 아무것도 볼 수 없었고, 아무 말도 들리지 않았다. 그리고 가슴이 답답해지면서 숨을 쉴 수가 없었다.

하지만 난 아무런 말도 듣지 않은 것처럼 태연한 모습을 보이려고 애를 썼었다. 내가 알아서는 안될 사실을 듣게 됐다는 게 너무 무서워 겁에 질려있었다. 어른들끼리 하는 비밀 얘기를 우연히 듣는 것만으로도 해서는 안 될 일이라고 생각했던 나이였다.

그날의 기억은 아직도 내 마음속에 생생히 남아있다. 엄마가 죽을지도 모른다는 두려움, 숨을 쉴 수 없었던 답답함 그리고 나도 죽으면 어떻게 하지라는 생각으로 온몸이 얼어붙어 꼼짝을 하지 못했던 그 때는 어린 나이에 감당하기에는 너무 힘든 순간이었다. 그 순간 차라리 먹고 있던 음식을 삼키고 속시원하게 울어버렸으면 좀 더 나았을지도 몰랐겠지만 그 때는 너무 어렸었기에 눈물을 애써 참으려고 할수록 두려움이 더 커져간다는 사실을 몰랐었다.

아버지가 언니와 내게 엄마가 6개월밖에 살지 못하는 암 말기라는 사실을 얘기했다. 엄마는 병원에 있는 것보다 집에서 지내고 싶어하셨기 때문에 아홉 살이었던 나하고 열 살이었던 언니에게 엄마가 돌아가시기 전까지 집에서 편하게 지내실 수 있도록 보살펴 드렸으면 좋겠다고 말씀하셨다. 언니와 나는 당연히 그렇게 하겠다고 했다.

한가닥 남은 희망이라도 잡고 싶었던 아버지는 뉴욕에 있는 암 전문 병원으로 엄마를 데리고 가셨다. 그곳에서 모든 검사를 마친 후 담당 의사 선생님이 엄마에게 "환자 분이 저보다 더 오래 살 수 있다는 말은 드릴 수 없어요. 하지만 이거 하나만은 분명히 말씀드릴 수 있습니다. 오늘 이 순간부터 6개월 안에 환자분의 목숨이 절대로 다하는 일은 없을 것입니다. 오히려 그 안에 신나게 춤을 추실 수도 있습니다." 라고 말했다.

그 때 그 의사 선생님과 스탭들이 우리 가족에게 심어줬던 용기와 격려는 지금까지 말로 다할 수 없을만큼 고마웠었고 지금도 감사하게 생각한다. 의사 선생님은 자기 말에 대한 약속을 지켰다. 6개월 후 아버지는 엄마를 뉴욕의 한 재즈 클럽으로 데리고 가서 그곳에서 신나게 춤을 추었다. 아버지를 따라 나서기 전에 우리들 앞에서 새로산 옷과 구두를 신어보며 한껏 들떠있던 엄마의 모습을 보면서 나는 너무 좋아서 어쩔줄 몰라 했었다. 엄마는 너무 행복해 보였고 암 환자라는 게 느껴지지 않을 정도로 기운이 넘쳐났었다. 그날 밤은 부모님만을 위해 존재하는 세상 같았고 두분이 마지막으로 같이 춤을 춘 날이기도 했다.

그렇게 엄마는 3년동안 우리 가족 곁에서 모든 걸 함께 나누며 소중한 나날을 보냈다. 학교가 끝나고 돌아오면 난 엄마 앞에서 기타를 치면서 노래를 불렀고 엄마는 흔들의자에 앉아 그런 나를 보면서 대견해 하시며 눈물을 흘리셨다. 그리고 여름에는 우리 가족이 자주 찾던 계곡에 놀러가 "엄마 나 수영 잘하죠? 나 좀 봐요."라고 소리치며 언니와 함께 신나게 물놀이를 하기도 했다. 그런 우리들을 보면서 엄마는 미소를 지으며 "우리 딸들이 너무 자랑스럽구나."라고 말씀하셨다.

우리가 이렇게 엄마와 함께 했던 기억들을 조금이라도 더 가질 수 있었던 것은 순전히 엄마에게 희망을 불어넣어줬던 그 의사 선생님 덕분이었다. 새로운 약물 치료법이 효과를 본 건 사실이었지만 그보다 엄마에게 희망과 자신감을 안겨주었던 그 의사 선생님이 아니었다면 간직하지 못할 기억들이 너무 많았을 것이다. 사랑하는 두 딸과 함께하고 싶은 기간만큼은 무슨 일이 있더라도 환자를 포기하지 않겠다고 했던 그 의사 선생님의 말 한마디가 없었다면 불가능한 일이었다. 지금도 그 의사 선생님은 내게 천사와 같은 존재로 남아있다.

그렇게 힘들었던 시간동안 나와 언니는 많은 경험을 할 수 있었다. 의지가 무엇을 말하는지, 믿음과 인내심 그리고 사랑이 무엇인지 배울 수 있었다. 언니는 그 때 일로 간호사가 되어 환자들과 그 가족들 곁에서 함께 하고 있다. 그리고 난 지금까지 매년 암 연구 재단에 기부금을 내고 있고 중년이 된 지금은 유방암 연구를 위한 자원 봉사를 하고 있다.

너무 어렸을 때 겪었던 암에 대한 끔찍한 경험은 지금까지 암은 내가 사랑하는 사람을 잡아먹는 굶주린 괴물이라고 생각하며 살게 만들었다. 엄마는 그 무서운 병에 걸려 죽은 여러 사람 중 하나였고 사랑하는 가족들을 남겨 둔채 떠나야 했던 사람들 중 하나였다. 좀 이상하게 들릴지 모르겠지만 난 암이라는 괴물과 맞서 싸워 이겨내기 위해서는 유방암 연구를 위한 임상 실험자가 되는 것도 나쁘지 않다고 생각했었다.

몇 년 동안 난 유방암에 걸린 많은 여자들을 만날 기회가 있었는데, 그 때마다 나를 아프게 했던 건 그 여자들 모두 사랑하는 사람들과 소중한 사람들이 있었으며 살아야 할 목적이 너무 분명했던 사람들이었다. 그리고 살아 남거나 덜한 고통 속에 삶을 마감했다. 의학의 발달로 더 많은 사람들이 암을 이겨내고 오히려 전보다 더 나은 삶을 살아가고 있다. 예전에는 암이라는 말만 들어도 모든게 끝났다고 생각하게 할 정도로 공포의 대상이었지만 지금은 예전에 비해 그 무서움이 덜 해졌다. 어렸을 때 엄마를 뺏아갔던 그 괴물이 이제는 힘이 많이 약해졌구나라는 생각이 들어 기분이 한결 좋아지기도 했다.

6년전 우연히 내 첫사랑이었던 리치를 만났다. 그가 베트남전에 참전하게 되면서 서로를 그리워하다가 그가 제대를 하고 돌아왔지만 얼마 안 있어 난 영국으로 이민을 가게 되어 결국은 헤어질 수밖에 없었다. 그렇게 34년이 지난 어느날 정말 우연치 않게 우리는 인터넷을 통해 서로의 소식을 알게 되었다. 한동안 서로가 살아왔던 얘기들을 이메일을 통해 주고 받으며 서로의 안부를 물으며 지냈다. 한 사람은 영국에서 또 한 사람은 미국에서 지냈기 때문에 만나볼 용기도 선뜻 나지 않았지만 직접 만나러 간다는 것도 쉽지만은 않았다. 그렇게 사이버 상에서 서로의 감정이 점점 더 깊어져 갔다. 원래 난 딸 아이가 결혼하면 다시 미국으로 돌아가서 여생을 보낼 계획이었다. 리치에게 이번에 딸아이 결혼식이 끝나면 미국에 돌아가니까 그 때 시간이 되면 얼굴이라도 보자고 말을 했다.

리치는 4년 전 이혼의 아픔을 겪었고 지금은 혼자 살고 있었다. 그리고 회계사 일을 하면서 아이들 대학 뒷바라지를 하고 있었다. 처음에는 이메일로 시작해 나중에는 차츰 국제 통화를 하는 횟수가 많아졌고 그러면서 우리 둘은 어렸을 때 가졌었던 감정이 다시 싹트기 시작했다는 걸 깨달았다. 하지만 서로의 얼굴을 보지 못해 예전 한창 좋았을 때의 모습과 감정만 기억하고 있었기 때문에 나이 앞에 늘어난 주름살과 처진 뱃살을 보게되면 서로에게 실망감만 더 커져 오히려 완전히 멀어질지도 모른다는 걱정이 서로를 망설이게 만들었다. 그래서 우리 두 사람은 내가 미국으로 돌아가 살게 될 동네에 가기 전에 잠깐 리치에게 들러서 서로 얼굴만 보기로 했다. 어차피 그가 살고 있는 곳과 내가 살 곳도 거리가 멀었기 때문에 그냥 시간 날 때 편하게 얼굴이나 보면서 지내다가 예전 사랑의 감정이 다시 생기면 그 때 다시 생각해보기로 했다.

리치의 집에 도착해서 그를 보자마자 어디가 많이 아프다는 게 한 눈에 보일 정도로 안좋아 보였다. 잠깐 서로의 얘기를 하고 곧바로 그는 시커멓게 변해버린 자신의 한쪽 다리를 내게 보여줬다. 그는 피부암에 걸려 몇 년째 투병 생활을 해오고 있었다. 그리고 며칠 전에 받은 검사에서 그 상태가 더 심각해졌음을 알게 되었다고 했다. 우리가 처음 인터넷에서 만났을 때만 해도 수술과 약물로 상태가 많이 좋아지고 있었다고 한다. 리치를 보면서 난 너무 당황스러워 어쩔 줄 몰라했다. 내 인생에 또 그 망할 놈의 암이 찾아왔다. 이제 가까스로 암에 대한 기억을 모두 떨쳐버리고 즐거운 것만 생각하면서 인생을 행복하게 보내고 싶었는데 그런 꿈이 순식간에 사라져 버렸다.

며칠 후 리치에게는 당분간 누군가의 도움이 절실히 필요할지도 모른다는 생각에 그의 사무실에서 일을 도와주기로 했다. 어쩌면 이 힘든 시기에 그와 함께 있으라는 운명이었는지도 모르겠다는 생각이 들기도 했다. 그래서 크리스마스 전까지 몇 주 동안만이라도 그의 사무실에 잡다한 일을 하며 곁에서 도와주기로 했다. 약 두달 동안 리치를 돌보면서 그가 필요한게 무엇인지 말을 안해도 알게 되었고 그가 나를 사랑하고 있다는 것도 알게 되었다. 나는 틈만 나면 그의 어깨를 주물러 주었고, 영양식을 만들어 주기도 하고 도시락도 싸다 날랐다. 매일 야채밖에 없다고 투정을 부리기도 했지만 내가 준비해 간 음식을 하나도 남기지 않고 다 먹었다. 지난 몇 년간 처음으로 리치는 누군가 곁에서 자신을 걱정해주는 사람이 있다는 것을 느꼈고 그렇게 서로 함께 일하고, 함께 웃으며, 함께 사랑을 했다. 우리의 사랑이 점점 더 깊어지면서 그의 병도 많이 낫기 시작했다.

크리스마스가 찾아왔지만 난 떠나지 않았다. 지금까지 우리는 서로의 의미를 소중하게 생각하면서 서로가 다시 찾은 첫사랑을 더 깊은 사랑으로 만들어가고 있다.

그러나 모든게 장밋빛처럼 빛나지는 않았다. 나는 리치가 암 치료에 열심히 임하지 않는다는 사실이 무척 불만이었다. 그는 일 핑계를 대면서 병원에 가는 일을 빼먹기도 하고 그 때마다 병원에 가라고 등을 떠밀어야 했고 틈만나면 약 먹어라, 이 음식을 먹어봐라, 의사가 다른 말은 없었냐는 등 내가 옆에서 잔소리를 해야만 들을까 말까 했다.

한번은 너무 견디기 힘들어 내 친구 집에 가자마자 소리내어 울었던 적도 있었다. 친구는 나에게 진정하라고 말하면서 따뜻한 커피를 내왔다. 그리고는 내게 왜 그러냐고 물었다. 나는 친구에게 내가 사랑하는 사람이 앓고 있는 병이 더 심각해지지 않을까 항상 노심초사하면서 불안과 걱정 속에 사는게 너무 힘들다고 털어놓았다. 친구에게 조금이라도 위로를 받고 싶은 마음에 더 그랬는지도 모른다. 하지만 놀랍게도 친구는 내게 걱정이 도가 지나치면 그것도 병이라고 했다. 내 행동은 때로는 도를 넘어서서 나만 생각하는 것처럼 보일 때도 있고 리치가 자기만의 방식대로 스스로 병을 고쳐나갈 수 있다는 리치에 대한 믿음이 내게는 없어 보인다고 말했다. 그리고 마지막으로 “오히려 니가 리치한테 가서 미안하다고 말을 해야 될 것같은데?”라고 했다.

친구의 말을 듣자마자 난 정신이 번쩍 들었다. ‘내가 틀렸구나.’ 라는 걸 깨달았다. 나는 그 길로 리치에게 달려가 미안하다고 말하면서 앞으로는 이런저런 잔소리를 하지도 않을 것이고 리치 혼자 스스로 할 수 있게 옆에서 지켜만 보겠다고 얘기했다. 대신 나는 그를 계속 보살펴 줄것이고 그를 계속 사랑할 것이며 그와 함께 골프를 치러 다니겠노라고! 그가 내게 하고 싶은 얘기가 있으면 차분히 듣기만 할 것이고 말꼬리를 붙잡고 늘어지지도 않고 이것저것 물어보면서 귀찮게도 하지 않겠다고 했다. 그 일이 있고 난 후 얼마동안 리치는 내게 자신의 상태에 대해 아무런 말도 하지 않았다. 그러던 어느날 리치가 붕대를 감고 집에 돌아온 걸 발견했다. 그순간 나는 속으로 만세를 부르며 좋아했다. 왜냐하면 그 붕대는 곧 리치가 병원에 가서 치료를 받고 온 흔적이기 때문이었다. 나는 2년 동안 내가 했던 약속을 지키면서 리치를 조금이라도 편안하게 만들어주려고 노력을 했다. 내게 걱정거리를 털어놓기 전까지는 아무리 궁금해도 절대 먼저 물어보지도 않았고 리치가 먼저 자신의 다리를 내어보이며 어떤거 같냐고 물어보기 전에는 내가 먼저 보자고도 하지 않았다.

그렇게 시간이 흘러 지금은 그를 잃어버릴지도 모른다는 걱정이 생길 때마다 내 친구에게 자문을 구한다. 내 태도와 마음이 바뀌면서 내가 사랑하는 사람을 진심으로 믿고 존중해주는 모습이 무엇보다 중요하다는 사실을 알게 되었다. 우리는 지금 이 시간에도 서로를 믿고 존중해주면서 하루하루를 소중하게 보내고 있다. 오늘이 아닌 내일에 대해서는 더 이상 걱정을 하지 않기로 했다. 골프를 치러가는 날에는 서로가 홀인원 하기를 바라고, 함께 장을 보고, 함께 음악을 듣고, 예전에 부모님이 그랬듯이 옛날 음악을 들으면서 함께 춤을 춘다.

암 때문에 내 인생의 모든 걸 잃어버리게 될까봐 마음을 졸이고 사는 대신 암과 함께하는 생활 안에서 즐거움을 찾으며 살고 있다. 연민과 인내심 그리고 사랑만이 불완전한 인간을 완전하게 만들어줄 수 있다고 믿게 되었다. 나는 두려워하는 법을 배운게 아니라 불완전한 삶 그 자체로도 의미를 가지고 있다는 걸 배웠다. 상대를 있는 그대로 사랑하는게 더 중요하다는 걸 알게 되면서 암도 그 나름대로의 목적을 가지고 내 인생 안으로 찾아왔다는 걸 깨달았다. 그리고 살아 숨쉴 수 있다는 축복을 너무 당연하게 생각하지 말라는 신의 경고라고 받아들이게 되었다.

Dr. Siegel's 한마디

"암과 맞서 싸워야 하는 일이 생기면 이기려 하지말고 평화롭게 공존할 수 있는 방법을 찾아라."

신디(주인공)는 어린 나이에 우연치 않게 들었던 일에 대한 아픈 기억을 가지고 있다. 내 어린 시절의 추억 속에 가장 크게 자리잡고 있다는 그녀의 말처럼 어린 소녀가 처음 느꼈을 죽음에 대한 두려움은 평생 그녀를 따라다니며 힘들게 했다. 우리는 모두 이렇게 의식 속에 강하게 남아있는 안좋은 기억들이 있다면 하루빨리 치료를 받아야 한다.

그녀가 울지않고 억지로 참았던 것은 단순히 어려서 그런 것도 아니고 자라온 환경 때문만도 아니다. 인간은 모두 화가 나거나 주목을 받고 싶을 때는 소리를 지르거나 크게 운다. 동물들은 소리를 내거나 이리저리 움직이면서 자신의 감정을 내보이려고 할 때마다 상대가 무슨 생각을 하고 있는지 걱정을 하지 않는다. 이게 바로 생존을 위한 행동이라는 걸 알고 있어야 한다.

신디는 자신의 가슴 한켠에 두려움을 숨기기 바빴다고 말했는데 그 순간부터 신디는 나이가 들어가면서도 병에 대한 막연한 두려움 속에 자신을 갇히게 만들었다. 안좋은 쪽으로만 생각하고 두려움 속에 사는 게 익숙해지면 걸리지도 않은 병에 대해서까지 걱정을 하면서 살게 만든다. 어떤 사람들은 자신의 몸이 너무 나약해서 병원에 다니지 않으면 살아가기 힘들 정도라고 생각을 한다. 내가 먼저 내 몸을 사랑해야 내 몸도 나를 사랑한다. 자신의 몸을 걱정의 대상으로 생각하지 말고 사랑스러운 대상으로 바라봐야 한다.

그리고 신디에게 좋은 경험도 있었는데 그 중 어머니를 치료해주신 의사 선생님 때문에 갖게된 희망이 그것이다. 필자가 수십년동안 수많은 의사들을 보면서 환자들을 어떻게 대해야 하는지에 대해 제대로 알고 있는 의사가 별로 없다는 사실에 크게 낙담을 했었다. 의사들은 하나같이 환자에게 언제 죽게 될지를 알려주는걸 가장 크게 생각을 한다. 그러다가 자신이나 가족이 환자의 입장이 되면 그때서야 달라진다. 필자는 종종 의사들이 사랑하는 사람이 환자가 되었을 때 그들에 희망을 안겨주면 살아가고자 하는 염원이 더 커져 마법같은 결과가 나타났다는 경험들을 듣는다.

또 신디가 겪었던 중요한 경험 한 가지는 암을 평생동안 싸워 이겨야 하는 괴물이나 적으로 생각하지 않게 되었다는 점이다. 우리의 인생과 몸은 누구를 이기기 위한 전쟁터에 있는게 아니라 꾸준한 치료가 필요한 대상일 뿐이다. 마음 속의 평화가 더 중요하다.

그리고 신디는 살아 남은 사람들에게 필요한 건 사랑과 소중함, 삶의 참된 의미라는 걸 배웠다. 여러분 모두 이 점을 분명히 마음속에 새기고 살아야 한다. 여러분이 정말로 행복해지는 게 어떤 건지 알아야 한다. 신디가 리치를 찾아가 그를 편하게 해주려고 노력했던 그 마음은 내가 해야 한다는 의무감 때문이 아니라 그렇게 하는게 옳다는 이유 때문이었다.

리치처럼 병과 싸우고 있는 사람이 있다면 그들이 하고 싶은데로 하게 내버려 둬라. 그들이 겪고 있는 아픔을 빼앗으려고 하지 마라. 아픈 사람이 왜 자기 마음대로 따라주지 않는다고 힘들어 하지 마라. 아픈 사람은 내가 아니라 그 사람이다. 그렇게 해서라도 신디의 시선을 끌고 싶었거나 신디가 리치를 사랑하는만큼 리치가 자기 자신을 사랑할 수 없기 때문일 수도 있다. 이유가 무엇이 됐든 중요한 것은 환자가 자기 자신을 사랑해서 스스로 병에서 벗어나려고 하는 노력이 생기기 전까지는 그냥 옆에서 그 사람을 사랑으로 지켜봐라.

　마지막으로 신디가 힘들 때마다 친구와 얘기를 하면서 자신의 고
민을 나누었다는 사실인데 이건 암이 주는 하나의 부가적인 측면이
다. 두려움을 벗어내고 더 깊게 사랑하는 법을 알게 해준다. 그래서
하루하루가 정말 소중한 선물처럼 느껴지게 된다. 사랑하는 사람이
암에 걸려 힘들어지면 하루를 더 뜻깊게 보내라. 두려움에서 벗어나
새로운 자유를 얻게 될 것이다.

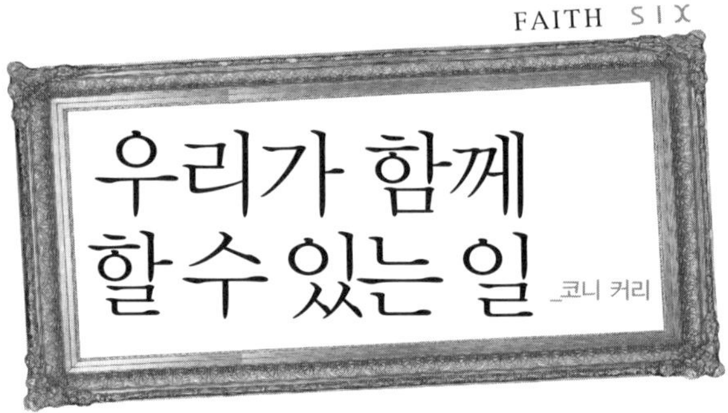

남편과 전화 통화를 한 후 '결혼 생활이 도대체 이게 뭐야? 언제쯤이나 같이 얼굴 보면서 살 수 있을까?' 라는 생각으로 머리가 아파오기 시작했다.

부모님이 멀리 이사를 가신지 얼마되지 않아 이번엔 남편의 회사가 지금 살고 있는 곳에서 멀리 떨어진 지방으로 갑자기 이전을 하게되어 어떻게 해야 될지 막막하기만 했다. 살고 있는 집을 처분하고 남편 직장이 있는 동네로 이사를 가야했지만 그게 쉽지 않았다. 남편은 이미 짐을 꾸려 회사 근처에 조그만 오피스텔을 얻어 지내기로 하고 떠났지만 난 두 딸과 함께 언제쯤이나 이 집이 팔릴 수 있을까 하며 걱정으로 지내고 있었다. 부동산 사무실에 이미 오래 전에 집을 내어 놓았지만 집 구경을 하러 오는 사람조차 없었다.

현대식으로 지어진 요즘 집들과 달리 크기만 했지 구닥다리처럼 보이는 고풍스러운 이런 집을 좋아할만한 사람을 찾기가 어렵다는 걸 우리 모두는 알고 있었다. 하지만 이 집을 처음 샀을 때 우리 식구 모두 남다른 애착을 가지고 조금이라도 이쁘게 꾸미려고 다들 어린 아이들처럼 신나했던 추억이 깃든 곳이기도 했다.

어쨌든 그렇게 집이 팔리기만을 2년 넘게 기다리게 되었고 그동안 남편은 차츰 집에 오는 간격이 멀어지기 시작했으며 전화 통화로 서로 다투는 일도 많아졌다. 그러다 마침내 집이 팔렸고 남편이 있는 곳으로 이사를 한다는 생각에 들 떠 짐을 꾸리기 시작했다. 하지만 그런 나를 남편은 걱정스러운 듯이 쳐다보면서 "여보 내가 요번에 영업부로 발령이 나서 앞으로는 출장 갈일이 더 많아질거야."라고 말을 했다.

세상에나 어찌된 일이 이제야 한 지붕 밑에 모든 가족이 다 모여서 사나보다 싶었는데, 아들놈은 계속 전에 살던 동네에서 혼자 살겠다고 고집을 부리고 딸 애는 대학 때문에 다른 곳에서 떨어져 살아야 하고 그것도 모자라 이젠 남편까지 출장을 자주 간다고 말을 하고 있다. 결국 나 혼자 아는 사람도 하나 없는 낯선 외지에서 집에만 쳐박혀 살려고 그렇게 이사를 가기위해 발버둥을 쳤다고 생각하니 더 어처구니 없었다. 난 속으로 이렇게 살바에야 차라리 이혼을 하고 각자 생활을 즐기며 사는게 낫겠다 싶은 생각마저 들었다. 사랑하는 사람과 함께 모여 살아가는 모습과는 너무 동떨어져 보였다.

새 집으로 이사를 하고 열홀 쯤 후 남편이 전화통화하는 걸 우연히 듣게 되었는데 뭔가 회사에서 일이 안풀리는 듯이 남편의 목소리가 맥이 빠져있었다. 그리고 이틀 후 남편이 회사에서 해고됐다는 사실을 알게 되었고 우리 두 사람 모두 막막하기만 했다. 난 그나마 더 이상 남편이 출장갈 일이 없어졌다는 사실에 어떻게 해서든 위안을 삼으려고 애를 썼다. 하지만 오히려 그 시간부터 우린 정말 함께가 되었다. 진정한 배우자의 모습을 다시 찾게되면서 앞으로 이 힘든 상황을 어떻게 하면 같이 힘을 모아 헤쳐나갈지 머리를 맞대고 의논을 하기 시작했다. 내가 가지고 있던 교사 자격증 덕분에 여기저기 수소문한 끝에 파트 타임으로 아이들을 가르치는 임시 교사일을 하게 되었고 남편도 작은 회사에 임시직으로나마 취직이 되었다. 모든 일이 잘 풀려나가는 듯 했고 우리 부부도 새롭게 결혼 생활을 맞이하는 신혼 때의 기분을 다시 맛볼 수 있었다.

그러던 중 마침 남편이 전 직장에 있을 때 가입했던 보험을 가지고 난 건강 검진을 받기로 했다. 학교 수업이 일찍 끝나는 날 병원을 찾아 검사를 했는데 난 당연히 "아무 문제없으니까 내년에 다시 오세요."라는 말을 듣겠지라고 생각을 했었다. 하지만 검사가 끝나자 "다음달에 한번 더 오셔서 검사를 받으셔야 합니다."라는 말을 듣고 의아한 생각이 들었다. 그래도 별일 없겠지 하면서 그 다음 달에 다시 검사를 받았는데 그 때도 똑같이 한달 뒤에 다시 검사를 받아야 한다는 말을 듣고 걱정이 되기 시작했다. 그리고 마지막 세 번째로 검사를 받던 날 날벼락같은 말을 듣게 되었다. "지금 바로 접수 창구로 가셔서 수술 날짜를 예약하셔야 합니다.

아무래도 오른쪽 난소를 제거해야 될 것 같습니다.”

2주 후 병실에 누워있는데 낯선 의사가 들어와 내게 “환자분은 난소암에 걸리셨습니다.”라고 말을 했다. 그 암 전문의의 말은 별로 대수롭지 않은 일처럼 나와 내 남편에게 아무렇지 않게 얘기를 하고 있었다. 내가 그 사실을 이미 어느 정도 알고 있었기 때문일 수도 있었다. 나를 진찰했던 내과 의사가 내 몸속에 보이는 덩어리가 악성 종양일 가능성이 많다고 얘기를 했었고 한시간 30분 정도만 수술대 위에 있으면 괜찮을 것이라고 말을 했었다. 수술은 아침 8시에 시작했는데 내가 마취에서 깨어나 시계를 봤을 때는 오후 2시 30분이었다.

다음날 의사가 내게 찾아와 수술 결과와 앞으로의 치료에 대해 얘기를 했다. “수술 결과는 좋습니다. 환자 분이 그나마 젊은 편이시고 건강도 좋아서 앞으로 일년동안 화학요법 치료만 잘 받으시면 좋아질 것입니다. 그러니 힘을 내세요.”

하지만 내 귀에는 그런 말이 들리지 않았고 바보같은 생각이 순간적으로 스쳐 지나갔다. 남편과 함께 ‘언젠가는’ 꼭 둘이 함께 크루즈 여행을 떠나자고 했던 그 약속이 절대 이뤄지지 않을지도 모른다는 생각만 내 머릿속을 맴돌았다. 그러다가 의사가 밖으로 나가려고 할 때 “그럼 앞으로 우리는 어떻게 해야 됩니까? 내가 치료를 받을 동안 일을 할 수 없다는 말같은데 그렇게 되면 우린 살길이 막막한데 어쩌죠?”라고 울먹이며 얘기를 했다.

남편이 하던 일은 워낙 수입이 적었기 때문에 가계 생활에 거의 도움이 안되었고 월급을 더 많이 받을 수 있는 그런 직장을 찾기도 불가능했다. 내가 파트 타임 교사로 나가면서 버는 수입에 전적으로 의지하면서 살아야 했기에 그마저 못하게 된다면 우리 두 사람이 살아갈 길이 막막했다. 내가 그렇게 앞으로 어떻게 해야하는지 걱정을 하고 있을 때 옆에서 남편은 어떻게 문제를 풀어나갈지 궁리를 하고 있었고 구체적인 계획을 세우고 있었다.

병원에서는 화학요법 치료를 받는 동안은 최소 36시간은 병원에 입원을 해야 한다고 했다. 앞으로 8개월 동안 한달에 한번은 그런 치료를 받아야 했다. 남편은 마침 겨울 방학이고 하니까 자신이 세운 계획을 시험 삼아 한번 해보자고 했다.

금요일에 담당 의사의 마지막 환자가 될 수 있게 예약을 해놓고 혈액 검사상 아무런 문제가 없다고 결과가 나오면 8시 쯤 입원을 하겠다고 병원에 말을 해놓는다. 그리고 화학요법 치료를 받으면 한동안 구토 증세가 심하게 오기 때문에 그전에 남편과 함께 밖에 나가 저녁을 먹고 병원으로 들어간다.

병실에서 밤 10시 정도까지 남편과 함께 TV를 보다가 남편이 집으로 갔다가 다음 날인 토요일 아침에 돌아올 무렵이 되면 고통스러운 구토 증세로 시달리게 된다. 그 때는 구토방지약을 먹어도 아무런 소용이 없다. 구역질을 하는 내내 남편은 내 곁에서 한시도 떠나지 않았고 그런 남편을 보면서 이런게 사랑인가 하는 생각이 들었다.

일요일 아침 쯤 되면 간단한 음식을 삼킬 수 있을 정도가 되었고 오후에 퇴원을 해 집으로 돌아왔다. 그러면 남편은 내게 죽을 끓여다 주면서 힘들어도 조금이라도 먹어보라고 했다. 그리고 다음 날인 월요일 오후가 되면 그 때는 몸 상태가 완전하게 좋아졌다.

실험삼아 해본 그 계획은 너무나 완벽해 보였다. 새 학기가 시작되면 금요일 아침 수업을 마치고 오후에 입원을 해서 치료를 받고 월요일 오후 수업에 들어가면 난 그만두지 않고 일을 계속 할 수 있다는 말이기도 했다. 남편과 내가 하나가 되어 움직여야 가능한 일이었고 우린 그렇게 했다.

그렇게 한 달에 한번 씩 남편이 세운 계획대로 움직였고 매일 남편이 저녁을 준비하는 동안 난 덕분에 편히 쉴 수 있었다. 그리고 치료를 받아가면서 그나마 뭘 먹어야 구역질이 덜 나온다는 사실을 알게되었고 그래서 간식거리라도 자주 먹곤 했다. 그런 나를 위해 남편은 아침에 일어나서 가볍게 먹을 수 있는 간식거리를 내 병실 침대 위에 올려놓고 갔으며 약물 치료 때문에 머리가 다 빠진 나를 보면서 "그래도 당신은 세상에서 제일 섹시하고 아름다워!"라고 말해줬다. 내가 병원에 가야하는 날이면 매번 회사에 휴가를 내고 나를 데리고 갔다. 그런 남편의 모습을 보면서 나에 대한 그의 사랑을 한 때나마 잠깐 의심했던 내 자신이 부끄럽기만 했다.

마침내 화학요법 치료가 모두 끝나고 다시 한번 정밀 검사를 받았을 때 암 세포가 더 이상 발견되지 않았다는 최종 결과를 통보 받았다. 신께서 도움을 주셨기 때문이라는 사실에 대해 더 이상 무슨 말이 필요하겠는가. 혹독한 암 치료 과정으로 인해 몇가지 안좋아진 건 있다. 화학요법 치료를 받는 동안 소변은 붉은 기가 돌았고 구역질과 구토로 며칠을 고생해야 했다. 그리고 살이 너무 많이 빠져서 뼈만 앙상하게 드러나는 내 몸을 옷으로 감추려고 애를 쓰기도 했다. 머리칼도 거의 다 빠졌고 몸에 기운도 별로 없었다.

하지만 만약 그런 시련과 고통이 없었다면 난 남편의 진정한 사랑을 느끼지 못한 채 나를 사랑하고는 있을까라는 헛된 의심 속에 평생을 지내야 했을지도 모른다. 그리고 내 자신 또한 남편을 얼마나 사랑하고 있는지 다시 한번 깨닫는 계기가 되었다. 내가 암에 걸렸다는 사실이 처음에는 당황스럽고 두려웠지만 그로 인해 남편과의 결혼 생활이 더 충만해지게 되었다. 결혼한지 23년이 지난 지금도 우린 서로를 사랑하고 믿으며 살고 있다. 이렇게 살 수 있게 해준 신께 감사를 드린다.

Dr. Siegel's 한마디

"인간관계에 최선을 다해라. 그러면 모두가 즐거워진다."

이 이야기의 주인공인 코니처럼 결혼생활에 회의가 들 때 우리가 보통 택할 수 있는 방법은 세 가지이다. 별거, 이혼, 해결책 모색. 결혼 생활이 생명에 위협을 가할만큼 위태로운게 아니라면 본인 스스로 사랑으로 문제를 풀어가보려는 노력이 있어야 한다. 코니의 경우처럼 뒤늦게 참다운 결혼 생활의 의미를 어떻게 찾았는지 그리고 그 후 그녀와 그녀의 남편이 어떻게 삶을 영위해 나갔는지를 알아야 한다.

자신이 일방적인 피해자라는 생각을 빨리 버려야 한다. 모든 선택은 본인의 결정에 달린 문제이다. 진심으로 어떤 결정을 내려야 하는지를 깨달아야 한다. 사랑하는 사람과 멀리 떨어져 있게 되면 상대의 말에 더 귀를 기울여야 한다. 상대방의 소리를 마음으로 듣게 되면 아무것도 아닌 일에 화를 내거나 그래서 나를 사랑하지 않는구나라는 쓸데없는 생각이 들지 않게 된다. 마음을 열고 대화를 해라. 그러면 상대가 원하는게 무엇인지 그리고 상대방이 힘들어하고 있는 건 또 무엇인지 알게된다. 사랑하는 사람이 어디에 있든 그 사람의 마음과 생각에 대해 관심을 가지려고 노력해야 한다. 설령 내가 해줄 수 있는게 없더라도 진실된 마음으로 들어주는 모습이 큰 힘이 된다.

코니가 남편과 떨어져 있는 2년 동안 받은 스트레스 때문에 암에 걸렸을 수도 있다. 나는 몇 년전 내가 치료하고 있던 환자들에게 지난 1, 2년 동안 어떤 일이 있었는지를 아는게 무척 중요하다는 사실을 파악했다. 인간의 건강은 생활 태도나 습관에 의해 많은 영향을 받는다. 그렇기 때문에 몸이 아플 때는 여러 가지 요소가 복합적으로 작용해서 질병에 걸린 것으로 생각해야 한다.

마지막으로 필자가 경험했던 한 여자 환자의 얘기를 들어 보기 바란다. 그녀는 화학요법 치료가 끝나고 집으로 돌아가는 길에 구토를 하게 될 때를 대비해서 항상 커다란 가방을 들고 다녔다. 물론 그녀의 남편이 항상 그녀 옆에 있었다.

어느 날 그 환자가 내게 "그 가방 안에는 남편이 저를 위해 항상 장미꽃 한다발을 미리 넣어둬요. 그래서 구역질이 나올 때마다 그 장미를 보면서 힘든 걸 참아냅니다." 라고 말했다.

그게 바로 사랑이고 치료가 아닌 치유이다. 사랑하는 사람과 함께
라면 아무리 힘든 길이라도 망설임없이 달려갈 수 있도록 만드는게
사랑이다. 암에 걸렸다고 해서 사랑하는 사람을 멀리 하려고 하지도
말고 자신의 사랑하는 감정을 숨기려 하지도 말아라.

여자라면 누구나 의사한테 이런 말을 듣는 순간이 가장 긴장되는 때일지도 모른다.

"자궁경부 세포 검사 Pap test 를 해보고 결과가 좋지 않으면 그 때 다시 연락드릴께요."

그런 말을 듣고 나면 절대 병원에서 연락이 오지 않기만을 간절히 바라면서 며칠을 보내게 된다. 나 역시 그랬었다.

대학원 수업을 마치고 집으로 돌아가는 길에 나의 기도가 물거품이 되는 전화를 받았다. 병원에서 검사 결과가 좋지 않다면서 내일 아침 일찍 병원으로 와서 얘기를 좀 했으면 좋겠다는 전화였다. 난 속으로 '아무 일도 아닐거야, 별일 없겠지 뭐…' 라고 내 자신을 안심시키면서 요즘

학교 수업과 일 때문에 몸이 좀 피곤해서 그럴거라고 태연하게 받아들이려 애를 썼다.

다음 날 아침 담당 의사가 나에게 검사 결과 자궁경부 선암 4기라는 말을 했다. 그래서 광범위적 자궁 적출술을 받아야 하는데 자궁, 나팔관, 난소뿐만 아니라 자궁 주위 조직, 질상부, 골반림프절까지 절제되는 수술이라고 설명을 해줬다. 그 말이 무슨 말인지 미처 이해되기도 전에 의사 선생님은 빠른 시일 내에 원뿔 절제술을 받아야 한다는 말을 곧이어 했다.

암이라니…. 내가 어떻게 암에 걸릴 수 있지? 나는 그날 암에 걸려 수술까지 받아야 한다는 사실을 인정할 수 없어 밤새 발버둥치면서 울었다. 3일 후 다시 병원에 갔다. 그러자 의사 선생님이 내게 "만약 환자분이 수술을 받지 않으면 1년도 채 넘기기 힘들거예요."라고 했다. 수술 뿐만 아니라 방사선이나 화학요법 치료도 병행해야 한다고 얘기했다. 의사 선생님의 말에 난 내 인생 자체가 송두리째 바뀌게 될지도 모르는 그런 중대한 수술을 받을 수밖에 없다는 사실을 더 이상 외면할래야 할 수 없게 됐다. 내 나이 이제 서른 다섯인데 앞으로 임신은 절대 할 수 없게 될 것이고, 새 생명이 탄생되는 순간에 엄마만이 느낄 수 있는 그런 희열은 절대 느껴보지도 못하게 될 것이다. 서른 다섯의 나이에 벌써 폐경기를 맞은 여자가 되는 것이다. 아이도 낫지 못하는 나같은 여자와 결혼하고 싶어하는 남자가 이 세상에 있을까?

수술을 일주일 앞두고 내 감정은 수시로 천당과 지옥을 왔다갔다 했다. 희망에 잔뜩 사로잡혀 모든 게 잘 될 것이라는 기분이 들기도 했다가 갑자기 화가 나기 시작하고 걱정이 되기도 했다. '하필 왜 지금이야? 모든게 정말 완벽할 정도로 좋고 행복했는데…. 앞으로도 계속 이렇게 살고 싶었는데…. 새로 시작한 일은 아무 문제없이 잘 돌아가고 있었고 대학원 과정을 모두 마치고 나면 심리상담사가 되겠다는 내 꿈도 이룰 수 있었는데 망할 놈의 암 때문에 도대체 이게 뭐냐고?'

암에 걸렸다는 걸 처음 알고 나서 제일 힘들었던 것 중 하나는 가족이나 친구 그리고 직장 사람들에게 알리는 일이었다. 나 때문에 다른 사람들을 아프게 만들고 싶지 않았기 때문에 절대 비밀로 하고 싶었다. 그러던 어느 날 문득 난 항상 내 자신보다 다른 사람들을 먼저 생각하고 지내왔다는 것을 깨달았다. 지금까지 살면서 단 한번도 누군가가 도와달라고 하면 거절한 적이 없었고 항상 내 자신보다 세상 걱정을 먼저 하면서 살았다는 걸 알았다. 내가 다른 사람들에게 얼마나 도움이 되는 존재인지가 내겐 가장 중요해 보였던 것이다. 다른 모든 걸 떠나서 내 자신이 먼저가 되어 본적이 없었다. 직장에서도 내 솔직한 감정을 드러내본 적도 없었으며 직장 사람들이나 고객들이 어떻게 하면 기뻐할까라는 신경만 쓰며 지내왔다. 내 관심사가 최우선이 되어본 적이 없었다. 그래서 더 피곤했을 지도 모르고 단 한순간도 편하게 쉬지도 못했다.

문득 예전에 읽었던 책 한권이 떠올라 책장을 뒤져 찾아냈다. 암환자들에 대한 내용을 담고 있었던 책이었는데 트루디 이모가 암에 걸렸을 때 옆에서 보살펴 주면서 읽었었던 책이었다. 트루디 이모는 1년 전에 간암으로 돌아가셨지만 이모를 간병할 때 그 책은 많은 도움이 되었다. 그 책이 이제는 내게 도움이 되지 않을까 싶어 다시 읽고 싶어졌다. 책장을 넘기다 보니 그 당시 내가 형광펜으로 밑줄 친 흔적이 여기저기 보였다. 그리고 책 안에는 암환자들의 모임이라는 단체의 전화번호가 적인 메모지가 꽂혀 있기도 했다.

그 책을 찬찬히 다시 한번 읽어 내려가면서 나는 내 삶의 의미와 다시 건강을 되찾을 수 있는 길이 무엇인지 생각해보게 되었다. 그 책의 저자는 암의 상태가 더 안좋아지면서 겪게되는 감정의 굴곡을 어떻게 극복해야 하는지 자세히 얘기하고 있었다. "나는 괜찮아."라고 말하면서 항상 웃고 즐겁게 지내는 사람들일수록 암을 이겨낼 수 있는 확률이 높다라고 말하고 있었다. 책을 다 읽어갈 무렵 내 자신이 너무나 멍청하고 한심스럽게 보였다. 즐거운 사람이 되어야 한다. 내 자신의 솔직한 감정을 계속 억누르고 사는건 내 자신을 죽이는 일이나 마찬가지이다라는 것을 깨달았다.

그 책을 다 읽고 나서 내 나름대로 상상을 하기 시작했다. 암 세포에 전달되는 피를 차단해서 암 세포를 말라죽이는 상상을 하기도 했고 내 몸 안에 있는 암 세포들을 이쁘고 귀엽게 생긴 초콜릿이라고 생각하고 맛있게 먹어치우는 상상을 하기도 했다. 그리고 수술을 받지 않아도 된다고 또 종양이 너무 작아서 쉽게 없어질 수 있다고 마인드 컨트롤을 했다.

담당 의사의 갑작스러운 출장 때문에 내 수술 날짜가 뒤로 미루어져야 했다. 난 마냥 기다리기보다는 혹시 내 친구였던 딘이 대신 수술을 해주면 안되겠냐고 물어봤다. 다행이 내 친구 딘이 자기가 직접 수술을 하겠다고 흔쾌히 나섰다. 개인적으로 나를 걱정해주는 사람이 내 수술을 하게 되어 더 안심이 되었다. 암 진단을 받고 난 후 처음으로 마음이 편안해졌다.

수술 전 날 딘은 나를 데리고 저녁을 먹으러 밖으로 나갔다. 멋진 이탈리안 레스토랑으로 들어가서 피자와 와인을 시켰다. 저녁을 먹으면서 몇 시간후면 있을 수술에 대한 얘기는 단 한마디도 없이 살아온 얘기들을 하며 즐거운 시간을 보냈다. 시간이 얼마나 지났는지 딘이 이제는 내일 수술을 위해 병실로 들어가 자야 할 시간이라고 말했다. 내일은 우리 둘만의 중요한 데이트라고 하면서…. 딘 덕분에 난 웃으면서 잠자리에 들 수 있었고 다음날 아침에 제시간에 일어나지도 못할만큼 푹잤다.

병원으로 친구들과 목사님 그리고 가족들이 찾아와 수술실로 들어가기 전까지 내 곁을 지켜줬다. 나를 꼭 껴안아주기도 하고, 기도를 드리기도 하고, 재미난 얘기들로 나를 웃게 하기도 했다. 너무 재밌어서 간호사가 수술실로 가야할 시간이라고 말했을 때 좀만 더 얘기하다가 가면 안되냐고 물어보기까지 했다. 그 순간 딘이 들어와 나를 구석진 곳으로 데리고 가서는 내게 조용히 귓속말로 "오늘 우리 둘만의 데이트 있는 거 잊었어? 데이트 시간에 나 혼자 기다리기 싫어."라고 말했다.

수술은 잘 끝났다. 딘은 수술이 잘 돼서 잘하면 방사선 치료나 화학요법 치료가 필요없을지도 모르겠다고 했다. 수술 3일 후 나는 퇴원을 했고

3주 후에는 파트 타임으로 일을 시작할 수 있었다.

수술 후유증으로 호르몬의 변화와 폐경기 때문에 감정이 격해지기 시작했다. 툭하면 울고 툭하면 짜증이 나기도 했고 암이 재발되면 어떻게 하나라는 걱정으로 밤을 지새기도 했다. 그러면서 책을 읽고 깨달았던 즐거운 사람이 되자라는 생각을 까맣게 잊고 다시 예전처럼 돌아가고 있는 내 모습을 발견했다. 다시 예전처럼 내 자신보다 다른 사람을 먼저 생각하고 배려하면서 살게 되면 나는 다시 또 아플지도 모른다는 생각이 들었다. 내 자신을 해치면서까지 세상 사람들을 사랑하고 도움을 주는게 과연 어떤 의미가 있고 무슨 소용이 있을까?

앞으로 내가 어떻게 살아가야 하는지 알려달라고 나는 매일 신께 기도를 했다. 그러던 어느날 암 환자들의 심리 치료를 위한 컨퍼런스에 참가하지 않겠냐라는 메일을 받았다. 그 초대장을 받자마자 나는 신이 내 물음에 대답을 하신 것이라는 생각이 들었다. 그리고 내가 감명 깊게 읽었던 그 책의 저자를 만날 수 있는 기회이기도 했다.

그 컨퍼런스는 한마디로 놀라웠다. 암을 이겨낸 수많은 강연자들이 어떻게 해서 암을 이겨낼 수 있었는지 그리고 지금은 어떻게 건강을 유지하면서 살고 있는지 얘기했다. 어떤 사람들은 채식주의자가 되었고 어떤 사람은 하루도 빠짐없이 운동을 하고 있다고 했고 또 어떤 어떤 사람은 담배와 술을 완전히 끊고 살아가고 있다고 했다. 그들 모두는 평온한 모습이었고 암으로 인해 알게된 건강의 소중함을 지키기 위해 부단한 노력을 하고 있는 것 같았다. 그 사람들이 말하는 건강을 지키는 생활 습관이 중요하다는 것은 동감을 했지만 내게 더 시급한 것은 마음의 안정을 찾는 일이었다. 다시 암이 재발되면 어떻게 하나라는 그런 걱정을 몰아내는 일이 먼저였다.

마침내 그 책의 저자가 강연대 위에 올랐을 때 내가 찾던 그 답을 얻을 수 있었다. 그 저자는 그 자리에 모인 사람들에게 "여러분이 조금이라도 하고 싶지 않은 일이 있으면 '싫다' 라고 말하는 습관부터 길러라."라고 말했다. 이 말은 정말 내가 귀담아 들어야 했던 그런 말이었다. 난 언제나 내가 싫다고, 아니라고 말을 하면 다른 사람들의 기분을 망치게 될까봐 'No' 라는 말을 하지 못했다. 그런 내 성격은 어린 시절부터 가족들한테 물려받았을지도 모른다.

내 어머니는 무척이나 아름다웠고 완벽주의자 그 자체이셨다. 그리고 아버지는 목사였다. 그래서 나는 어렸을 때부터 '성직자의 아이' 라는 꼬리표를 달고 다니면서 다른 아이들과는 다르게 더 모범적인 모습을 보여야 했다. 어린 내게는 너무 큰 부담이었다. 지금도 어머니가 내게 항상 일러주던 그 말이 생생히 내 귓가에 맴돌고 있다. "니가 무슨 일을 하든 다른 사람들이 모두 지켜보고 있으니까 더 모범을 보여야 해!" 그래서 그런지 나는 어릴 때부터 다른 사람을 기쁘게 해야 하고 실망시켜서는 안되는 완벽주의자의 모습으로 살아가는게 너무 익숙해졌다. 나는 언제나 모든 일에서 최고가 되어야 했고 실패라는 말은 절대 있을 수 없었다. 다른 사람들한테 욕을 먹는 일은 단 한번도 있어서는 안됐고 실수도 있어서는 안되었다. 그야말로 내게는 고문이나 마찬가지였다. 그리고 지금도 난 누구에게 안좋은 소리를 듣게되는 걸 용납하지 못하는 성격을 가지고 있다.

강연자들의 얘기를 모두 듣고 난 후 내가 내린 결론은 새로운 사람으로 "다시 태어나자!" 그리고 내 자신보다 다른 사람을 먼저 신경써서 결국은 "내 자신을 죽이는 생각은 그만하자."였다. 있는 그대로의 내 자신을 받아들이고 또 나는 결점 투성이의 인간이라는 사실도 받아들여야 한다는 것을 깨달았다. 내 인생에서 처음으로 나는 내 자신을 사랑하게 되었고 미래에 대한 희망을 보게 되었다.

건강을 되찾아 가는 일이 평탄치만은 않을 것이다. 수많은 웅덩이와 장애물이 도사리고 있겠지…. 하지만 내 자신을 사랑하는 일이 중요하다는 것을 알았기 때문에 또 'No' 라고 말을 할 줄 알아야 한다고 배웠기 때문에 헤쳐나갈 수 있는 용기가 생겼다. 그리고 신께서 함께 하실 것이라 믿는다. 매일매일 감사의 일기를 쓰기 시작했는데 긍정적인 생각들을 지켜나가는데 많은 도움이 되었다. 하루에 다섯가지 씩 내가 감사할 수 있는 일들을 적어가기 시작했고 감사의 기도 또한 잊지 않았다. 어쩌면 신께서 암을 통해 내가 가야 할 올바른 길을 알려주신게 아닌가라는 생각도 든다. 나는 완벽하지 못하며 완벽할 필요도 없다. 내가 만났던 모든 사람들과 내가 맞닥뜨렸던 모든 일들 그리고 내가 내렸던 모든 결정은 신의 뜻이라고 생각을 한다.

매일 밤 잠자리에 들기 전에 그날 아무리 힘든 일이 있었어도 그 일을 통해 무엇인가 배우고 깨달을 수 있었다는 사실에 감사하게 생각한다.

'사랑은 주는 사람과 받는 사람 모두에게 기쁨으로 다가와야 한다.'

루스의 이야기 속에서 필자는 첫 번째로 수술을 받지 않으면 1년도 못살 것이라고 의사가 했던 말에 충격을 받았다. 그 의사는 그녀가 결정해야 했을 문제를 일방적으로 결정했고 그로인해 그녀에게 엄청난 압박을 주었다. 물론 그녀가 의사의 충고를 무시했다면 죽었을 것이다. 의술은 환자에게 선택권을 부여하고 환자의 사기를 북돋아줘야 한다고 생각한다. 내가 아는 환자 중에는 수술이나 방사선 치료, 화학요법을 거부했던 사람들이 있었는데 그 중에는 지금까지 살아있는 사람들도 있다. 그 환자들이 그런 결정을 쉽게 내렸을 것이라고는 절대 생각지 않는다. 그런 상황에 직면할 때마다 필자는 이런 생각을 해보곤 한다. "과연 내가 그 환자가 가지고 있는 믿음을 똑같이 가질 수 있을까?" 그 환자들이 결국은 필자에게는 또 다른 길을 알려주는 선생님이나 마찬가지였다.

그리고 다음은 루스가 "왜 하필 나한테 이런 일이?"라고 생각하면서 그녀 자신을 점점 더 힘들게 만들고 미래에 대한 걱정 속으로 빠져 들어갔던 모습을 보였다. 일반적으로 의사들은 조금이라도 더 생명을 연장시키기 위해 애를 쓰고 지금이라는 순간에 집중을 한다. 하지만 환자였던 루스는 미래를 걱정하면서 자기 자신뿐만 아니라 자기 때문에 상처를 받게 될 가족들에 대한 걱정이 더 앞섰다. 좋은 심리상담사가 되어 아픈 사람들을 위해 봉사하겠다는 그녀의 맹목적인 신념이 어떻게 보면 그녀를 더 힘들게 했을지도 모른다.

루스가 했던 말 중 "나는 지금까지 단 한번도 내 자신을 먼저 생각해 본적이 없었다."라는 얘기를 들었을 때 필자는 소리를 지르고 싶을 정도로 화가 났다. 이기적으로 살아서도 안되지만 그렇다고 남을 위해 자기 자신을 내팽개치면서까지 사는건 더욱 말이 안된다. 루스는 다른 사람들이 원하는데로 무조건 맞춰주면서 자기 자신의 기분과 몸을 신경쓰지 않았다. 그리고 나중에서야 자신의 거짓된 모습을 버리고 새로운 삶을 살기로 결심을 했다.

그래서 주위 사람들에게 도움을 요청하기도 하고 암 세포를 초콜릿으로 상상하면서 먹어치우는 꿈을 꾸기도 하고 그녀의 인생을 새롭게 펼쳐 갈 수 있게 길을 알려준 책을 읽기도 한다. 루스가 했던 것처럼 책은 우리 모두에게 꼭 필요한 존재이다. 인생의 항로를 알려주기도 하고 때론 지혜를 때론 도움이 되는 다른 사람들의 경험을 얻을 수 있기 때문이다.

마지막에 루스가 깨달았다고 했던 "나는 완벽한 존재도 아니고 완벽해 질 필요도 없다."라고 한 말이 무엇보다 감명 깊었다. 우리 모두가 새겨 들어야 할 말이다. 다른 사람들에게 완벽한 모습을 보이고 싶어 발버둥치다가는 자기 자신만 힘들어지고 그 스트레스로 결국은 몸까지 상하게 되는 일이 흔하게 벌어진다. 내 자신의 기분과 건강을 생각해서라도 다른 사람들이 화를 내던 말던 너무 신경쓰지 말자.

필자가 루스에게 하고 싶은 말은 그녀는 이미 자신의 목표를 이룬 것이나 마찬가지이지만 단 한순간이라도 웃음을 잃어버리고 산다면 다시 병원 신세를 져야 할지도 모른다고 말하고 싶다.

야생화

_수 피어슨 엣킨스

뒤뜰에 만들어놓은 정원에 핀 야생화들을 보면서 걷고 있었다. 그들의 강인한 생명력은 내게 또 다른 즐거움을 선사한다. 지금 느끼고 있는 이 평온함을 그 무엇도 뺏어가지 못하리라. 화려한 빛을 뽐내는 제비꽃들과 양귀비꽃들을 보면서 잠시 옛 생각이 났다. 죽음의 문턱에 다다를 때마다 난 야생화 씨앗을 구해와 이곳에 뿌렸고 그 야생화들이 피어나는 것을 보면서 많은 교훈을 얻었다. 내 시어머니가 그랬던 것처럼….

시어머니는 내게 친엄마 이상이었다. 때로는 좋은 친구처럼 때로는 인생 선배처럼 내게 특별한 분이셨다. 남편과 처음 결혼했을 당시만 하더라도 시어머니가 내 인생에서 가장 중요한 한 사람이 되리라고는 전혀 생각치 못했다. 시어머니는 절대로 자신의 생각을 남에게 강요하는 법이 없었고 다른 사람들의 생각과 행동을 모두 존중해주셨다. 그리고 다른 사람들의 곁에서 가만히 지켜보면서 칭찬과 배려를 아끼지 않으셨다. 보통 사람의 보통 사랑이 아닌 비범한 사랑을 실천하는 능력을 가지고 있는 것처럼 보이기도 했다.

시어머니는 열일곱이라는 어린 나이에 결혼을 하셨는데 부모님이 나이 많은 남자와 빨리 결혼해야 그녀를 잘 보살펴줄 것이라고 해서 그렇게 할 수밖에 없었다고 했다. 결혼 후 6명의 자식을 낳았는데 모두 아들이었다. 그것도 연년생으로. 시아버지는 모험심이 강하고 뭔가 생각해 내거나 발명하는 걸 좋아하는 분이셨다. 그래서 이곳 저곳 돌아다니면서 이일 저일 다양하게 하셨고 자상하신 분이셨다. 하지만 결혼 초에는 아내와 자식들과 떨어져 지내는 일이 많았다고 한다. 그래서 시어머니 혼자 많은 자식들을 키우느라 자신을 전혀 돌볼 틈이 없었다. 하루는 시어머니와 함께 차를 마시면서 옛날 애기를 하는데 아이들을 돌보는게 너무 힘들어서 한 달 내내 운 적도 있었다고 하면서 그 때는 진짜 아무라도 나타나서 자신을 도와줬으면 하고 간절히 바랬던 일이 있었다고 말씀하셨다. 그때로 다시 돌아간다는 생각만 해도 몸소리가 쳐진다고 하셨다.

시어머니는 그렇게 힘들고 우울했던 시간을 보내면서 다른 사람들 모두 자신처럼 힘들 것이라 생각하면서 묵묵히 견뎌내셨다고 했다. 그리고 종교를 가지기 시작하면서 많은 부분이 바뀌었다고 했다. 편견과 선입견을 가지지 않으려고 했고, 더 많이 사랑하려고 노력했다고 하셨다. 그리고 당신의 능력이 되는 한 최선을 다하셨고 그래도 안되는 일은 그냥 받아들이려 노력했다고 하셨다. 말년에 폐암에 걸리셔서는 남은 시간을 조용하고 차분하게 받아들이며 지내셨다.

내가 변하게 된 건 눈깜짝할 정도로 아주 빠르게 순간적으로 일어났다. 힘들고 고통스러운 경험을 통해서 지혜를 얻은게 아니라 하늘에서 번개가 치듯 그렇게 순간적으로 난 커다란 삶의 교훈을 얻을 수 있었다. 창밖으로 눈덮인 산이 보이고 말들이 뛰어노는게 한 눈에 다 들어오는 그런 집으로 이사를 해 전원생활을 만끽하기 시작했을 무렵이었다. 남편과 함께 다섯 아이들을 키우면서 작가로서의 내 일도 함께 하고 있었다. 아무 탈없이 무럭무럭 자라나는 아이들과 이쁜 시골집은 남편과 내가 열심히 살았다는 것에 대한 보답처럼 보였다. 그렇게 모든게 행복하고 꿈만 같았던 시간도 잠시 뿐, 그런 일이 벌어지리라고 단 한번도 생각지 못했던 일이 일어났다. 대동맥질환으로 목숨이 경각에 빠지는 일이 벌어졌었다.

응급실로 향하는 길에 신께서 내게 갈 준비가 되었는지, 모든 걸 남겨두고 떠날 준비가 되었는지 물어보는 것 같은 환상을 보았다. 그 때 난 속으로 "내게 있는 모든 걸 버리고 떠날 수 있을까?"라고 생각했다. 그러자 어디선가 대답이 들려왔다.

"넌 이미 니가 원했던 모든 것을 이루었다."

내가 사랑하는 사람들과 나를 사랑해 주는 사람들로 내 삶은 너무 행복했었다는 생각이 들면서 내가 그렇게 살아올 수 있었다는 것 하나만으로도 너무 감사하다는 생각이 들었다. 이 세상에 태어나 그렇게 좋은 시간을 보내게 해주신 그 분께 감사하다는 말이 저절로 나왔다. 그러면서 아무런 미련이나 후회없이 사랑으로 함께한 모든 사람들에게 작별을 고할 수도 있겠다는 생각이 들었다.

병원에 도착하자 모든 사람들이 분주히 뛰어다니기 시작했다. 위급한 상황이었다. 의사는 내 뇌안으로 가느다란 플라티늄 선을 넣어서 치료를 시작할 것이라고 설명을 했다. 그러면서 그 과정 중에 어떤 일이 돌발적으로 벌어질지 장담할 수 없다고 했다. 아마 그렇게 되면 나는 죽게 되는 것이겠지….

그 순간에도 나는 극도로 침착했고 평온했다. 아무런 소리도 들리지 않았고 무슨 일이 벌어져도 난 상관없다고 생각했다. 내 목숨은 더 이상 내가 어떻게 할 수 있는게 아님을 알았다. 2시간의 수술시간 동안은 내 인생에서 가장 크게 고요함과 적막함의 기분을 느끼게 해줬다.

"나는 이대로 죽을 수도 있지만 그래도 괜찮아. 내가 다시 살아날 수 있다면 그것도 괜찮아."

의료진의 노력 덕분에 무사히 수술을 끝마칠 수 있었다. 하지만 삶과 죽음의 기로에서 내가 봤던 신의 모습은 나를 완전히 바꾸어 놓았다. 그 뒤로 하루하루가 내겐 커다란 선물처럼 느껴졌다.

시어머니는 잠자고 있던 내 영혼을 깨워준 스승이었고, 침묵의 소중함과 진심에서 우러나오는 실천을 보여준 선생님이었다. 시어머니의 이런 가르침을 바탕으로 응급실에 실려갔던 그 날 이후 4년 동안 온갖 시련을 이겨낼 수 있었다. 그 후에 난 유전적으로 면역 장애가 있음이 판명되어 살기 위해서는 한달에 한번씩 감마 글로블린을 맞아야 했다. 몸은 점점 쇠약해져 갔기 때문에 더 이상 일을 할 수도 없었지만 그래도 여전히 살아있는 그 시간을 감사하게 받아들였다. 내가 사랑하는 가족들과 친구들이 여전히 내 옆에 있기 때문이다. 할 수 있는 일이 점점 더 줄어드는 것에 익숙해지면서 말수도 적어졌고 명상에 빠지는 시간이 더 많아졌다. 시어머니가 전에 내게 보여줬던 지혜와 위안이 내게 큰 힘이 되었다.

폐암 선고를 받고 난 후 시어머니는 흔들림없는 모습으로 꿋꿋이 화학요법 치료를 받으셨다. 그 후 1년 만에 암세포가 뇌까지 퍼져 더 이상 어떻게 손써 볼 수가 없다고 했다. 병원에서는 불과 몇달 밖에 살지 못하실 거라고 말했다. 시어머니에게 남겨진 몇 달의 시간을 나는 곁에서 함께 시어머니가 마지막으로 하고자 했던 일들을 도와드리며 보냈다. 얼마 되지는 않지만 그동안 소중히 모아놓은 재산을 어디에 기부할지와 손자, 손녀들에게 남겨주실 유품 정리 그리고 살고 계시던 집을 모두 정리하고 요양원으로 들어가시겠다고 해서 그것도 함께 도와드렸다. 그리고 요양원으로 가시기 전에 마지막으로 시어머니를 위해 요리를 만들어 드렸다. 내가 만든 파이를 한움큼 베어드시면서 살아오신 날들을 얘기하며 특히 내 남편과 시아버님의 흉을 보면서 한참을 웃으셨다.

시어머니는 야생화를 무척이나 좋아하셨다. 야생화에는 특별한 의미가 있다고 하시면서…. 어쩌면 시어머니 생전에 마지막이 될지도 모르는 어느 봄날 또한 마지막이 될지도 모르는 봄철의 야생화를 보기 위해 그리 멀지 않은 들판으로 시어머니를 모시고 나갔다. 수많은 야생화들로 뒤덮인 봄의 들판은 눈부시게 아름다웠다.

시어머니는 돌아가시기 전까지 내내 즐거워하며 시간을 보내셨다. 시어미니를 보러 오는 사람들마다 얼마나 소중한 사람이었는지를 얘기했으며 때론 문 밖으로 길게 줄을 서서 자기 차례가 오기를 기다리곤 했다. 그때마다 모든 사람들은 시어머니에게 존경의 뜻을 전했다. 그 사람들을 보면서 시어머니가 보여준 사랑이 얼마나 컸었는지를 알 수 있었다. 야생화들을 보고 돌아오는 길에 잠깐 눈을 부치시라고 담요를 덮어드리자 시어머니는 내게 "요즘이 내 인생에서 가장 좋은 시간인 것같구나. 많은 사람들이 나를 찾아오거나 카드를 보내면서 내가 얼마나 많이 사랑받고 사는 사람인지를 깨닫게 해주고 있잖니. 정말 생각지도 못할만큼 말이야."

나는 시어머니 어깨 너머로 문득문득 보이는 야생화들을 바라보면서 "어머니, 모든 꽃들이 아름답긴 하지만 특히 야생화들은 혼자 피었을 때보다 저렇게 수많은 꽃들이 모여 모든 들판을 덮고 있을 때가 숨이 막힐 정도로 더 아름다운 것 같아요. 어머니가 뿌린 사랑의 씨앗이 저렇게 아름다운 야생화 군락처럼 넓게 퍼져 피어난게 아닐까 해요. 그래서 어머니가 뿌리신 그 씨앗들이 어떻게 피어났는지 보고 계신 것이고요."

"내가 그렇게까지 특별한 사람처럼 보이니?"라고 시어머니가 물으셨을 때, 난 "아니요. 어머니는 다른 사람들보다 모자르거나 특별하지도 않은 그런 보통 사람이세요. 단지 신께서 인간에게는 각자에게 한가지씩 특별한 재능을 주신다고 했는데, 어머니는 그 재능을 신께 부끄럽지 않을만큼 맘껏 펼치면서 살아 오셨어요."

나는 지금도 시어머니가 많이 그립다. 시어머니가 남겨주신 야생화의 아름다움은 뒤뜰에만 있는게 아니고 내 마음 속에서도 자라고 있다. 세 번째로 내 건강에 위급한 상황이 왔을 때 나는 이제 신께서 드디어 나를 부르시나보다라고 생각했다. 정기적으로 받았던 건강 검진에서 뜻밖에도 유방암에 걸렸다는 것을 알게 되었다. 그때 난 속으로 신께 이렇게 얘기했다.

"너무 무거운 짐을 던져주시는 거 아니에요? 첫 번째는 뇌동맥으로 그리고 그 다음에는 면역 장애로 이제는 유방암인가요?"

하지만 그런 생각은 곧이어 "첫 번째도 그리고 두 번째도 모두 죽을지도 모르는 그런 순간들이었지만 그 때마다 감사하는 마음으로 받아들였는데 지금이라고 뭐 다를게 있나?"라는 생각으로 바뀌었다.

암 선고를 받고 1년 반이 지난 지금도 나는 그렇게 생각하며 지내고 있다. 물론 몸이 예전같지 않게 많이 허약해져 가고 있다. 하지만 우리들 중 죽음이 언제 어떻게 찾아올지 아는 사람이 있을까? 죽음 앞에서는 다 똑같은 법이다. 죽음이 내 어깨를 두드리며 나를 엄습해 올 때마다 "저리 꺼져! 니 걱정하느라 이 순간을 놓치고 싶지 않아."라고 외친다. 나는 우리들이 살고 있는 이 세상의 아름다움을 마지막 순간까지 만끽하며 또 나를 사랑하는 사람들의 소중함을 다시금 깨달으며 살고 싶다. 시어머니가 마지막 순간까지 보여주셨던 것처럼 야생화 씨앗을 뿌리며 이 땅 위에 아름답게 피어나기를 간절히 소망해본다. 시어머니의 사랑 깊이만큼 내 사랑도 깊을지 자신은 없지만 그래도 나는 시어머니같은 분과 또 사랑하는 사람들과 함께 했었다는 사실 하나만으로도 행복하다. 뒤뜰에 있는 정원을 걸을 때마다 아름다운 야생화들을 보는 기쁨을 만끽한다. 영원히 시들지 않는 사랑과 기쁨을 볼 수 있고 끈끈한 생명력으로 아름다움을 발하는 그들을 볼 때마다 두려움을 떨쳐버릴 수 있는 용기를 얻는다.

Dr. Siegel's 한마디

"자신의 마음에 뿌린 씨앗이 자라나 인생이 된다."

이 이야기는 우리들 마음에 깊이 자리잡고 있는 사랑에 대한 많은 메시지들을 전해주고 있다. 야생화가 주는 아름다움을 시어머니를 통해 알게 되었다. 또 시어머니가 품고 있던 사랑에 대한 메시지를 전해 받았다. 그리고 그 두 사람 모두는 자신들이 알게 된 사랑의 의미를 통해 참된 삶을 영위할 수 있게 되었다. 둘다 자신들이 잘못해서 병에 걸렸다고 생각하지 않았고 또 신이 내려준 형벌이라고도 생각하지 않았다. 병은 건강을 잃는 것 뿐이기에 오히려 그것을 계기로 참된 건강을 찾는 기회의 시간으로 받아들여야 한다는 사실을 꼭 명심하기 바란다.

우리 모두는 살아가는 동안 사랑이 얼마나 많은 것들을 주는지 알아야만 한다. 시어머니가 한 때 사는 것에 많이 지쳐있을 때 그분은 그냥 웅크리고 있기보다는 힘을 얻을 수 있는 그 무엇을 찾으려 애를 썼다. 이렇게 우리 모두는 힘이 들고 지쳐 우울한 기분으로 한없이 불행한 기분으로 빠지려고 할 때마다 그것을 극복할 수 있는 방법과 기회를 찾으려고 노력을 해야한다. 변화없이 가만히 넋놓고 앉아 있으면 인생은 절대 좋게 바뀌지 않는다. 이 점 하나만은 분명히 알고 넘어가야 한다. 가만히 앉아 있거나 움츠리고 숨어있으면 어떤 일이든 알아서 자기 스스로 풀리지 않는다. 손을 뻗어 해결책을 찾으려고 노력해야 한다. 도움을 주고받을 수 있는 누군가 곁에 있다는 사실 하나만으로도 살아가는데 큰 힘이 된다는 것을 잊지 말자.

누군가에게 큰 힘이 되고 있다는 것을 알게 되면 그 사람은 더 많은 힘을 받게 된다. 그래야 더 의미있는 삶을 살아갈 수 있고 사랑의 씨앗들이 가득 뿌려진 인생의 길을 걸을 수 있게 된다. 얼마를 살았느냐가 중요한게 아니라 어떻게 살았느냐가 중요하다. 사랑만이 영원히 남게 된다. 주인공인 수가 처음에는 자신의 건강 때문에 모든 꿈을 버려야 한다는 사실이 못내 아쉬워서 화를 내고 신까지 거부하는 듯한 모습을 보였다. 하지만 사랑이라는 감정을 통해 모든 걸 극복해 나가기 시작했다. 그리고 매일매일을 신이 주신 선물로 받아들이기 시작했다. 그리고 돌아가시기 전까지도 항상 웃음을 잃지 않고 있었던 시어머니의 모습을 보면서 사랑의 힘을 깨닫게 되었다는 점이 주인공 수에게는 가장 큰 힘이 되었다.

때로는 슬픔의 눈물이 씨앗을 뿌리고 열매를 맺을 때도 있다. 내가 예전에 들었던 한 이야기가 있다. 한 남자가 매일 아침마다 가족들을 위해 물지게를 지고 멀리 떨어진 우물가에 가서 물을 길러 왔다. 그런데 그만 한쪽 양동이가 깨져 오는 길에 물을 모두 흘리고 말았다. 집에 돌아온 남편은 화가 머리 꼭대기까지 나서 아내에게 하소연을 했다. 그러자 아내가 남편을 데리고 집 밖으로 나가 아침에 남편이 걸어왔던 길을 한번 보라고 말했다. 그러면서 당신이 물을 흘렸던 한쪽 편에는 아름다운 꽃들이 피어날 것이고 물을 흘리지 않은 다른 편에는 맨땅 뿐일것이라고 남편을 위로했다.

우리는 어떻게 하면 자연적인 치유가 일어날 수 있는지 알지 못한다. 포로수용소에 갇혀있던 한 베트남 포로의 놀라운 이야기가 있다. 그 남자는 암에 걸려 화학요법 치료를 받고 있었지만 그 때문에 계속적으로 전쟁의 악몽이 떠오르는 고통을 받아야 했기 때문에 치료를 거부했다. 자신은 그냥 이렇게 죽는게 더 낫다고 말을 했다. 그때가 마침 봄이었는데 그 포로는 자신을 돌봐주고 있던 호스피스에게 자신의 고향에서는 봄이 어땠는지를 들려주었다. 그러자 그 호스피스는 그 포로를 데리고 밖으로 나가 바람을 타고 날아오는 꽃냄새를 맡을 수 있게 해주었다. 호스피스 병동에 있던 사람들 모두 그런 연민과 사랑으로 그 남자를 진심으로 보살펴주었다.

몇 달후 검사 결과는 놀랍게도 암에서 완치가 되었다. 자신이 받았던 그 수많은 사랑이 없었다면 자기는 절대 살 수 없었을 것이라고 말을 했다.

필자도 이런 유사한 경험을 해본 적이 있었다. 필자와 친분이 두터웠던 존 플로리오라는 정원사가 있었다. 이 사람은 암에 걸렸으면서도 수술이나 그 어떤 치료도 받는 걸 원치 않았다. 그리고는 "집으로 돌아가서 세상을 이쁘게 만드는 일만 신경쓰고 싶어요. 그래서 내가 죽을 때 조금이라도 더 아름다운 세상을 남겨놓고 갔으면 좋겠어요."라고 말했다. 존은 그 뒤에 94살까지 살다가 죽었는데 그의 몸 안에서 암은 전혀 발견할 수 없었다. 필자는 그런 존을 보면서 이런 생각을 하게 되었다. "우리 모두는 정원사일지 모른다. 단지 어떤 땅에 어떤 사랑의 씨앗을 뿌려 키울지는 각자가 결정해야 한다."

주인공 수는 죽음이라는 운명을 순순히 받아들이고 난 후에 하루하루의 소중함을 깨닫게 되었고 그 뒤로 진정한 삶을 살고 있다고 말할 수 있다. 그녀의 시어머니 역시 마찬가지로 죽음이라는 운명을 순순히 받아들였다. 환자가 이런 모습을 보이면 주위에 있는 사람들에게는 큰 스트레스로 다가올 수도 있다. 그걸 지켜봐야 하는 사람들에게는 더 큰 아픔이 될 수 있기 때문에….

하지만 다시 한번 여러분에게 부탁하고 싶은 말은 삶과 죽음의 운명을 받아들이라는 것이다. 죽음과 맞서는 의지도 중요하지만 감사하는 마음이 더 중요하다. 그렇다고 모든 것을 포기하라는 말은 절대 아니다. 다만 죽음의 순간이 오기 전까지 평온을 유지할 수 있는 방법을 찾으라는 말이다. 인간은 누구나 한번은 죽게 마련이다. 그런 운명까지 억지로 싸워 이겨내려 하지마라. 사랑만이 모든 두려움으로부터 벗어날 수 있다. 그게 바로 우리가 주인공 수에게 배워야 할 점이다. 지금 당장 여러분 각자에게 있는 인생의 정원을 에덴의 동산으로 만들어 보기를 바란다.

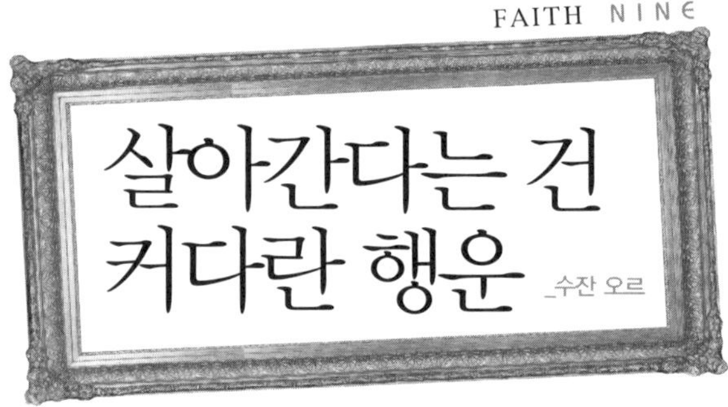

2001년 8월 작업실에서 11월 쇼에 출품할 작품 준비를 하고 있었다. 우연치 않게 쇼가 열리는 날이 60번째로 맞는 내 생일날이었다. 작품 준비에 정신이 없었는데 마침 전화 벨 소리가 모든 걸 방해하듯이 시끄럽게 울려댔다. 그때서야 혹시 병원에서 걸려온 전화일지도 모른다는 생각이 문득 떠올랐다. 내 오른쪽 가슴에 발견된 혹에 대한 정밀검사 결과가 오늘쯤 나온다고 들었던게 생각이 났다.

지난 15년 동안 벌써 5번째다. 이젠 일상처럼 되어버렸다. "검사 결과가 양성으로 나왔습니다."라는 말이 수화기에서 울려 퍼졌다. 그로부터 몇 달 동안 조직검사, 유방종양 절제, 화학요법 치료와 방사선 치료를 받았다. 그 기간동안 나는 때로는 두려움과 때로는 괜찮아질 것이라는 확신이 서로 뒤엉키며 감정이 수시로 교차하기는 했지만 그렇다고 그런 감정 때문에 내 인생 전체가 엉망이 되게 할 수는 없었다. 암은 그냥 암일 뿐 암에 걸렸다고 모든게 끝나는 것은 아니다. 나는 지금 이 순간에 살아있는 것 하나만으로 충분하다는 것을 배웠다. 살아있는 모든 순간순간이 내겐 기적과 같은 일이고 커다란 선물이라는 것을 알았다.

어머니와 할머니 그리고 난 일생동안 살기 좋은 세상을 만들어 보고자 헌신했던 여자들이었다. 나는 미술로 사람들의 심리 상태를 좋게 만들어주는 미술치료사이자 예술가였고 학생 때는 학생 운동을 하기도 했었다. 1950년대 말 내가 고등학생이었을 때 핵무기 반대 운동에 앞장서기도 했다. 그리고 1970년 내 나이 스물 아홉에 처음으로 갑상선 암 진단을 받았었다. 그래서 갑상선을 완전히 들어내었다. 갑상선은 특히 방사선 노출에 민감한 곳이었기 때문에 난 이게 모두 히로시마와 나가사키에 떨어진 원자폭탄에서 나온 방사선 때문이라고 울부짖었다.

하지만 의사는 내가 어렸을 때 X레이 사진을 너무 많이 찍었고 10대 때 여드름 치료 때문에 자외선 치료를 너무 많이 받아서 그리고 바륨 성분의 관장제를 너무 많이 복용했기 때문에 모든 것들이 몸속에 축적되었다가 지금에야 갑상선에 영향을 주었을 수도 있다고 말했다. 그 후 1974년 나는 핵폐기물 처리장 건립에 반대하는 모임에 들어가 활발하게 활동을 했다. 그로부터 10년이 지난 후 암이 재발되었다. 내가 그렇게 반대했던 핵 방사능이었는데 결국은 방사선 치료까지 받아가면서 할 수 있는 모든 치료 방법을 다 받아야만 했다.

어떻게 보면 내가 이렇게 암에 걸려 고생하고 있는 것도 세상에서 벌어지고 있는 온갖 나쁜 일들과 전혀 관련이 없다고 생각하지 않는다. 그런데 어떻게 그 나쁜 일의 대표라고 생각한 핵의 도움을 받아야 하는 일이 생겼단 말인가? 이렇게 치료를 받고 나가서 다시 핵 반대 운동을 벌일 수 있을까? 2001년 11월 다른 사람들과 마찬가지로 나도 라디오를 통해 울려나오는 긴급 속보를 통해 무역센터가 공격을 받았다는 뉴스를 듣게 되었다. 쌍둥이 빌딩이 두 대의 비행기에 공격을 받아 무너지면서 하늘에는 온통 잿빛 먼지와 찢겨진 시신들 그리고 콘크리트 조각들이 떨어지고 있다는 속보를 들었다. 그 때가 마침 내 오른 쪽 가슴의 유방종양 절제 수술 날짜를 잡으러 병원으로 차를 몰고 가던 길이었다.

지금까지 살아온 내 인생을 돌아보기 위해 그리고 무역센터빌딩의 테러로 숨진 3천명이나 되는 사람들이 과연 우리들에게 어떤 의미를 던져주고 있는지 생각을 정리하고 싶었다. 그래서 병원에 갔다온 그 주 토요일에 바닷가로 여행을 떠났다. 바닷가를 걸으며 그동안 내가 어떻게 살아왔는지 하나 둘씩 되짚어봤다. 겨울 바다는 역시 사람이 없어 조용하고 좋았다. 하얀 백사장 위에서 바라본 파란 하늘과 정적을 가르며 들리는 파도의 철썩임.

그런데 그곳에 몇 개의 깃털이 널려있었다. 깃털을 주워들며 이걸 지니고 있으면 금방 나을지도 모른다는 생각을 했다. 부적처럼 말이다. 다시 천천히 걷다보니 깃털이 또 흩어져 떨어져 있었다. 그래서 다시 그것들을 집어 들고 앞으로 가는데 새 한 마리가 죽어있을지도 모른다는 생각이 들 정도로 수많은 깃털들이 뭉치째 떨어져 있었다. 하지만 죽어있는 새는 찾을 수 없었다. 마치 리듬에 맞춰 춤을 추듯이 허리를 숙여 깃털을 집어들고 다시 한걸음 나가 허리를 숙여 또 깃털을 집어들기를 반복했다. 혹시 하늘에서 천사들의 깃털이 떨어진걸까? 수술이 끝나고 화학요법 치료를 받게 되면 그 때 몇몇 예술가 친구들과 함께 그 깃털들을 가지고 무역센터 빌딩 테러로 숨진 사람들의 넋을 기리는 추모 작품을 만들기로 했다.

수술에 앞서 직면해야 했던 문제는 간단히 종양만 제거하면 되는지 아니면 유방 전체를 절제해야 하는지였다. 아무도 장담할 수 없었던 부분이라 나도 거의 자포자기 상태에 이르렀다. 수술실에 들어가기 전에 내 딸이 곁을 지켜주고 있었다. 2년전 내 딸이 39살이었을 때 그 아이 역시 유방종양 제거 수술을 받았었고 지금 다시 재발한 상태였다. 내가 유방암에 걸렸기 때문에 딸도 혹시나 하는 마음으로 검사를 받았었는데 우리 집안의 가족력은 유방암이나 난소암에 걸릴 확률이 85%나 되는 유전적인 문제를 안고 있었다. 나와 내 딸은 난소암에 걸리지 않기 위해서 난소를 제거한 상태였고 딸 애는 유방종양 절제 수술을 두 번이나 받았다. 이렇게 딸 애와 난 같은 여자 입장으로 그리고 같은 병으로 고통받고 있는 것 때문에 서로에 대해 더 많이 이해하고 공감하는 그런 관계가 되었다.

딸 애는 내가 계속 암 때문에 고생하는 게 너무 속상하다고 말했다.

또 암에 걸리지 않게 함께 요가도 하고 기 수련도 하면서 노력했는데도 왜 자꾸 이렇게 되는지 모르겠다고 하면서…. 수술실에 언제 들어가는지 알아본다고 딸이 잠깐 나간 사이 혼자만의 시간을 가지게 되었다. 그 순간 나는 이상한 경험을 하게 됐다. 갑자기 내 몸뚱아리가 굉장히 볼품없고 찢어지기도 쉬워보이는 그런 종이박스처럼 느껴지고 반대로 내 정신은 영원불멸의 상태처럼 느껴졌다. 그러면서 순간적으로 모든 두려움이 사라졌다. 그 뒤에도 수시로 두려움이 찾아오곤 했지만 그 때마다 이 때 느꼈던 정신적인 경험은 두려움이 아무리 찾아온다 해도 결코 쉽게 굴복되지 않게 도움을 주었다. 내 마음 속에 생겨난 그 무엇이 지금까지도 나를 지탱해주고 있다.

나에 대한 걱정과 끝도 없이 생겨나는 세상에 대한 걱정으로 나는 걱정의 무덤 속에서 살아왔다. 테러리스트들의 잔인한 만행 때문에 내 가족과 나라와 세상에 대한 걱정이 끊이지 않고 머릿속을 맴돌았다. 무역센터 빌딩이 무너지는 끔찍한 광경이 TV를 틀 때마다 방영되었다. 그 장면을 보면서 내가 지금 처한 상황과 오버랩되는 상상을 했다. 암이라는 테러리스트들의 공격으로 내 생명이 위협받고 있는 내 모습과 실제로 테러 때문에 목숨을 잃은 사람들의 모습 모두 고통으로 다가왔다. 그러면서 점점 더 내 몸뚱아리가 싫어졌고 분노와 두려움이 커져만 갔다. 마치 테러리스트들을 향한 증오와 분노와 두려움의 목소리가 전세계적으로 울려 퍼지듯이 내게도 그런 목소리들이 울려퍼졌다.

나는 테러리스트들이 했던 것처럼 말보다 행동으로 뭔가를 보여주기보다는 뭔가 평화적인 방법를 찾기를 바랬다. 보복은 절대 원치 않았다. 갈등은 갈등을 낳는다라고 생각을 했기 때문이다. 그렇게 생각했다면, 이 나라가 두려움 대신 지혜로운 어떤 방법을 찾아서 해야 한다고 생각했다면 내 자신의 문제도 그렇게 해야 하지 않을까? 또한 내 몸을 공격하고 있는 암이라는 테러리스트들을 평화롭게 대처할 수 있는 방법이 있지 않을까라는 계기로 삼아야 하지 않을까?

우리집 앞마당에 있는 커다란 느릅나무가 내게 소중한 것을 알려주었다. 오랜 세월 동안 수많은 해충들의 공격을 받고 강풍에 가지가 부러지기도 했지만 그래도 꿋꿋이 계속 그 자리를 지키고 서 있다. 그러면서 바람과 비 소리를 전해주고 다람쥐들과 새들의 안식처가 되어 변함없이 그 자리에 있다.

화학요법 치료를 앞 둔 어느 날 그 나무 밑에 앉아 바람을 쐬고 있었는데 나뭇잎이 몇 개 내 발밑에 떨어졌다. 우연히도 내 몸안에 있는 종양의 수와 같은 네 개였다. 그 잎사귀들은 모두 벌레들이 갉아먹어 구멍이 곳곳에 뚫려있었다. 머리를 들어 나무 위를 올려다 보았지만 다른 잎사귀들은 모두 멀쩡해 보였다. 그리고 작은 새들이 종알거리며 연신 벌레들을 쪼아먹고 있는 게 보였다. 난 그때 순간적으로 느릅나무 위에 있는 새들이 마치 화학요법을 어떻게 받아야 하는지를 보여주고 있는 것처럼 느껴졌다. 내 몸속에서 암세포를 없애지 않는다면 나무에 있는 벌레들처럼 나뭇잎을 갉아 먹으며 그 수가 늘어만 갈 것이다. 해충을 쪼아먹고 있는 새들을 화학요법 치료사라고 생각을 하자. 그래서 내 몸에 있는 암이라는 해충들을 빨리 쪼아먹어 없애게 하자.

　수술을 받고 난 후 화학요법과 방사선 치료를 시작할 무렵 내가 준비해왔던 작품 전시회가 열렸다. 전시회를 열 때마다 난 작품명의 이름을 모두 연결하면 하나의 시가 되게끔 하는 버릇이 있었다. 이번에도 역시 그렇게 했지만 이번에 만든 시는 어쩌면 내 개인적인 인생을 함축하고 있는 것일지도 모른다. 내가 수술실로 들어가기 바로 전에 받았던 그 이상한 경험을 소재로 만들었다.

『 시간은 나그네와 같아서 잠시 머물다 가는 것
　그래서 모든 순간이 내겐 성스럽다네
　한순간도 예외없이

　내 영혼 깊숙이 있는 신비로운 기운
　나를 힘들게 했던 두려움을 사라지게 하네
　조용히 앉아 그 기운을 느껴보세

　어두운 그늘에만 머무르며
　오지도 않을 걱정 속에 살다보면
　아무 것도 나타나지 않으리

　감사와 기쁨으로
　모든 몸짓과 소리로
　사랑으로 숨쉬며 믿음을 가지자. 』

"우리 모두는 미완성 작품과 같은 존재이다."

수잔의 이야기를 들어보면 필자와 무척 비슷한 점이 많다는 것을 느끼게 된다. 필자도 그녀처럼 화가이다. 하지만 그림을 그리는 화가 뿐 아니라 우리 모두는 인생의 그림을 그리는 예술가와 같다고 할 수 있다. 모든 사람들은 자신 앞에 놓여진 하얀 도화지 위에 자신의 모습을 그려 나가야 한다. 인생이라는 도화지 위에 그림을 그리거나 시를 쓰거나 하는 일이 똑바로 되지 않았다면 실패한 예술가와 같은 것이다. 그렇다면 팔레트를 다시 움켜잡고 자신이 자랑스러워할 만큼의 인생 작품이 나올 때까지 재작업을 해야한다. 그림을 그리는 화가처럼 말이다.

우리는 모두 마음 속에 사찰에 있는 종같은 그런 종을 하나씩 가지고 있어야 한다. 사찰의 종이 장엄하게 울릴 때마다 생명을 느끼게 하고, 평온을 느끼게 하듯이 각자 마음 속으로 울려퍼지는 종이 있어야 한다. 수잔은 작업을 방해하는 전화 소리를 듣고도 평온함을 유지할 수 있도록 스스로를 되내었다. 때론 그 종소리가 좋은 소식을 알릴 수도 있고, 또 때로는 나쁜 소식을 알리는 징표가 될 수도 있다. 훼방을 하고 혼란을 일으키는 소식을 듣게되더라도 평온함 속에서 흔들리지 않는 모습을 가질 수 있도록 노력을 해야한다. 그렇게 노력하다 보면 수화기넘어 어떤 나쁜 소식이 들려오더라도 좋은 쪽으로 생각하게 될 수 있을 것이다.

"살아간다는 사실 하나만으로도 충분하다."고 수잔은 말했다. 삶은 경이롭고 신비스러운 선물이지만 우리들 중 얼마나 그렇게 생각하면서 살아가고 있을까? 대부분 인생은 불공평하다라고 생각을 하며 살아가고 있는게 현실이다. 암에 걸린 수잔은 911 테러 사건에 대해 걱정을 한다. 그렇게 끔찍한 일이 벌여졌을 때조차도 삶은 선물이라고 생각해야 되는 것일까? 삶은 생각하기 나름이다. 살아남은 사람들이 그런 걸 보면서 많은 것을 느껴야 하고 더 나은 세상을 만들기 위해 노력하는 계기로 삼아야 하며, 그런 기회를 준 신에게 감사를 해야한다. 살아갈 수 있는 기회를 얻은 걸 감사하게 생각해야만 삶이 진정한 선물이 된다.

삶의 온갖 역경 속에서도 특히 암에 걸렸을 때 수잔은 암과 함께 살아가는 방법을 배웠다. 그녀만의 살아가는 방식을 터득했는데 우리 모두는 수잔처럼 슬기롭게 대처하는 법을 배워야 한다. 그녀가 보여줬던 방법 중 하나는 자연과 함께 하는 것이었다. 바닷가를 걷거나 계곡을 걷는 일은 자연을 통해 치유될 수 있는 굉장히 좋은 방법 중 하나이다. 떨어진 깃털들은 그녀에게 부적과 같은 힘을 주었을 뿐만아니라 고통받고 있는 다른 사람들을 위해 쓰일 수 있는 작품의 소재가 되기도 했다. 그 깃털을 주워들며 천사의 날개에서 떨어진 깃털일지도 모른다는 상상을 하기도 했고 느릅나무를 보면서 삶의 의지를 확고히 다지기도 했다. 필자 자신도 수잔처럼 힘든 일이 있을 때면 철조망 주위에서 힘들게 자라나는 나무들을 보면서 힘을 얻기도 한다. 나무는 아무리 힘든 조건 속에서도 어떻게든 살아남으며 잎을 키워 풍성함을 주고 단풍이 되어 아름다움을 발하고 낙엽이 되어 떨어지면서 내년을 준비하는 그 모습을 통해 인간들에게 많은 교훈을 준다.

수잔이 새를 보면서 뭔가를 느꼈다는 사실은 다른 몇몇 환자들의 경험담 속에서도 비슷하게 볼 수 있었다. 새는 암 세포를 쪼아먹으며 사는 면역 체계나 치료를 상징한다. 이렇게 비폭력적이고 평화로운 방법은 필자가 알고 있는 마인드 컨트롤 방법 중에서 가장 효과적인 방법이라고 생각을 한다. 하지만 다시 한번 말하지만 그런 방법은 사람마다 차이가 있을 수 있으므로 필자의 생각보다 환자 스스로 터득해 낸 방법이 가장 좋다.

수잔은 또한 자신의 문제에만 매달리지 않고 핵 폐기물, 환경 오염, 테러 등으로 아파하는 세계를 어떻게 하면 조금이라도 도울 수 있을까하는 고민을 한다. 이런 생각이야말로 진정한 치유라 할 수 있다. 사랑만이 자기 자신을 치유할 수 있고 그 사랑을 받는 사람들을 낳게 할 수 있다. 우리 모두는 누군가를 도와줄 수 있는 마음과 힘을 가지고 있다. 하루 빨리 그런 능력들을 발산하도록 하자.

수잔의 딸이 왜 자꾸 엄마가 암에 걸리게 되는지 속상하다고 말했을 때 필자가 하고 싶었던 말은 "암은 단 한사람도 예외없이 누구나 걸릴 수 있다." 이다. 올바른 생활 습관을 가지고 살아가면 암을 예방하는데 도움이 되는 건 분명하다. 하지만 그렇다고 100% 걸리지 않는다는 보장은 없다. 유전적인 문제는 자신이 어떻게 할 수 있는 부분이 아니다.

마지막으로 수잔은 자신의 몸한테 배신감을 느낀다고 했었는데

이 부분은 필자가 동의할 수 없다. 분명히 말하지만 우리들의 몸은 우리들을 사랑한다. 몸에 난 상처를 치료하는 일은 때론 힘든 일이다. 수술이나 화학요법, 방사선 치료 후에 몸은 스스로의 치유과정을 거친다. 필자는 반창고가 우리의 몸이 우리를 사랑하고 있다는 대표적인 증거라고 생각을 하는데 손가락이 칼에 베어 반창고를 붙이고 나면 1주일 정도 후에는 상처가 다 아문다. 여러분이 한 일이라고는 상처를 보이지 않게 반창고로 덮어놨을 뿐인데 상처가 낫는다. 그렇기 때문에 여러분의 몸은 여러분을 사랑하고 있는 사실을 의심치 말아라. 여러분도 여러분의 몸에게 사랑하고 있다는 말을 잊지 말고 지내기 바란다.

마지막 날

_앤 마틴

오빠 톰은 모든 일에 열심히였고 특히 새로운 것에 대한 호기심도 많았다. 그래서 오빠는 무슨 일을 하던 몸을 아끼지 않고 매달렸다. 와인 제조자 일도 했었고 호텔리어, 사업가, 지역 사회 단체장 그리고 예술가까지 정말 수도 없이 많은 일을 했었다. 나는 오빠의 능력이 대단해서 그렇게 많은 일을 할 수 있었다기보다는 워낙 적극적으로 인생을 살아가는 그런 성격 때문이라고 생각을 한다. 매사에 적극적인 오빠의 성격은 암에 걸렸을 때조차 변함이 없었다. 암 치료법에 대해 공부를 하면서 단 한순간도 희망을 놓지 않았다. 완치될 수 있다는 믿음을 절대 버리지 않았다.

엄격한 가톨릭 집안에서 태어났으면서도 오빠는 종교적인 생활이나 신앙에 대해서 크게 얽매이지 않고 살아왔다. 어른이 되어서는 성당에 자주 나가지도 않았다. 그렇지만 올바른 삶을 살고 있었고 오빠 주위에도 좋은 사람들로 넘쳐났다. 오빠는 항상 친절과 정직이 다른 사람들을 대하는데 있어 최고라고 생각했고 걱정같은 것 하고는 어울리지 않는 사람이었다. 하지만 오빠가 암에 걸리고 조금의 변화가 생겼다. 신앙에 대해 조금씩 관심을 가지기 시작하면서 놀랄만한 일이 벌어졌었는데 그 얘기를 여러분에게 전하고 싶어 이렇게 글을 쓰게 되었다.

부활절을 며칠 앞두고 그러니까 오빠가 죽기 열흘 전이었다. 병원에서 퇴원을 하고 집으로 왔을 때 오빠는 무척이나 쇠약해 보였고 말도 거의 없었다. 그리고는 내내 잠만 잤다. 혹시나 싶어 오빠가 있는 방 문을 살며시 열어보았다. 바닷가가 내려다 보이는 그 방은 오빠가 직접 설계한 작고 아늑한 방이었다. 커다란 통유리를 통해 보이는 밖의 풍경은 너무나 아름다워 보였다. 마침 오빠가 깨어났는데 밖을 볼 수 있게 일으켜 달라고 했다. 그리고 오빠 옆에 앉아 "나랑 같이 기도할래?"라고 물어봤다.

그러자 오빠는 고개를 끄덕거리며 "그래."라고 대답을 했다. 그래서 난 오빠 옆에서 조용히 기도문을 외우기 시작했고 오빠도 같이 따라하다 다시 잠이 들었다.

그날 늦게 내 남편인 존이 집으로 왔는데 그 때까지 나는 오빠가 잠들어 있는 옆을 지키고 있었다. 그 때 갑자기 오빠가 잠에서 깨어나 머리를 들더니 벽을 뚫어지게 쳐다보기 시작했다. 도대체 오빠가 무엇을 보고 저

러는 걸까 싶어 나도 그곳을 바라보았지만 오빠네 아이들이 그린 그림들로 꾸며진 벽밖에 보이지 않았다. 그런데도 오빠의 눈에는 무언가 다른게 보이는 것처럼 시선이 향해 있었다. 그렇게 30초 정도 지났을까. 오빠가 베개에 머리를 기대고는 "놀라워! 정말 놀라워!"라고 말을 했다.

마침 올케가 전화기를 들고 들어왔는데 오빠가 졸업했던 대학에서 올해의 동문으로 뽑혔다는 소식이 전해졌다. 가족 모두 오빠 곁에서 그 소식을 듣고 기뻐했다. 그 순간 오빠의 얼굴에도 행복한 미소가 넘쳐나는 걸 보았다. 식구들이 방에서 나가고 좀 조용해지자 난 오빠에게 "아까 뭐가 그렇게 놀랍다고 말한거야? 도대체 뭘 봤길래 그런말을 했는데?"라고 물어봤다. 오빠는 눈물을 글썽거리면서 나와 내 남편에게 "나 천국을 봤어. 그리고 하느님을 봤어!"라고 말을 했다. 그리고는 다시 깊은 잠에 빠져들었다.

그날 이후 오빠는 다르게 변해있었다. 정확히 무엇 때문에 그런지는 이해할 수 없었다. 솔직히 죽음을 얼마 남겨두지 않고 있었음에도 그날부터 부활절 주일을 맞이하기 전 며칠 동안 기운이 샘솟아 나는 것처럼 보일 정도로 침대에서 벗어나 돌아다녔다. 병에서 다 나은 사람처럼 보이기까지 했는데 집에 찾아오는 사람들에게 일일이 감사의 뜻을 전했고 너무 사랑한다고 빼놓지 않고 말했다. 농담을 하기도 하는가 하면 조언의 말을 해주기도 했다. 그 때 오빠가 했던 말들은 앞으로도 영원히 남을 것이다.

그리고 오빠와 마지막으로 함께 했던 날 나와 내 남편이 집으로 돌아가려고 나섰을 때 갑자기 오빠가 다가와 나를 꼭 껴안으며 잘가라고 작별 인사를 했다. 내 어깨를 살짝 두드리며 윙크를 하고는 웃으면서 "내가 먼저 가서 기다리고 있을게. 천천히 와."라고 했다.

난 그때 순간적으로 오빠가 무슨 말을 하고 있는지 깨달았다. 도대체 무슨 말을 어떻게 해야 하는 것일까라고 혼란스럽기만 했다. 하지만 정신을 차리고 손을 꼭 잡은 채 오빠의 눈을 바라보면서 "그래 거기서 만나."라고 대답했다.

마치 손가락을 걸고 약속을 하는 것처럼 오빠는 내 손을 흔들며 "좋아. 그때 보자."라고 말했다. 정직한 사업가이기도 했던 오빠가 나와의 마지막 거래가 만족스럽게 끝났다는 것처럼 그렇게 보이기도 했다.

오빠는 그 날로부터 며칠 뒤 세상을 떠났다. 오빠가 마지막 순간까지 사랑하는 가족들과 함께 했던 순간들에게서 많은 힘을 얻은 건 분명하지만 나는 오빠가 죽기 전에 경험했던 그 불가사의 했던 일이 오빠의 마지막 며칠동안 큰 힘이 되었다고 믿는다. 오빠는 영원히 우리 가족들과 함께 할 것이다. 오빠가 항상 그리워지겠지만 그때마다 오빠에게 마지막으로 놀라운 경험을 할 수 있게 해주신 신께 감사하며 살아갈 것이다.

Dr. Siegel's 한마디

병으로 고통받고 있을 때 가장 쉽게 이겨낼 수 있는 방법은 사랑하는 가족이나 친구들과 함께 있는 것이다. 죽음이란 실패를 의미하는

게 아니다. 사랑하는 사람들에게 둘러쌓여 죽을 수 있다면 그 사실만으로도 뜻깊은 것이 된다. 남아있는 사람들도 그 사람이 육신을 버리고 영적인 생을 얻을 수 있다고 생각을 해야한다. 사랑하는 사람들과 함께 있으면서 그동안의 추억들에 대해 이야기하면서 마지막 순간을 보낼 수 있다면 필자의 아버지가 돌아가셨을 때처럼 웃으며 가거나 떠나보낼 수 있게 된다.

그리고 영적인 존재가 되어 남아있는 가족들을 돌봐줄 것이라 믿어야 한다. 이 이야기에 나오는 오빠 톰은 밝고 긍정적인 사람이다. 마지막 순간까지 다른 가족들과 모든 순간을 함께하려고 했으며 비록 육신은 떠나갔지만 마음만은 영원히 그의 가족들 특히 동생인 앤과 함께 오랫동안 함께할 것이라는 믿음을 주고 떠났다. 오빠가 동생에게 마지막 순간에 남겨주고 떠난 커다란 선물은 바로 사랑이었다.

육신의 죽음이 끝이라고 생각하지 말자. 필자는 죽음을 최악의 결과물이라고 생각하지 않는다. 필자는 성경에 나오는 노아의 방주 이야기처럼 그렇게 방주에 태우기 위해 신께서 데려가셨다고 생각을 한다. 필자가 아주 어렸을 때 장난감이 목에 걸려 죽기 일보직전까지 갔을 때나 또는 그런 경험을 해봤던 사람들의 이야기를 통해서 보면 우리의 몸은 죽을지 몰라도 영혼은 절대 그렇지 않다는 것을 믿는다. 영혼은 분명 새로운 생명으로 다시 태어나는게 분명하다. 사랑하는 사람들이 지켜보는 순간에 목숨이 다하는 것은 뜻깊은 일이다.

죽음은 실패가 아니라 다음 단계로 나아가는 시작이다. 이 이야기 속의 오빠와 동생이 마지막 순간에 했던 약속처럼 사랑하는 사람들과는 언제나 함께 할 것이라 믿어 의심치 않는다. 오빠가 마지막 순간까지 보여줬던 행동과 말들은 그의 가족들에게 두려운 마음으로 죽음을 맞이하게 만들지 않았다. 죽음은 단지 인생의 한 부분이라는 걸 알려줬다. 인간의 영혼은 절대 죽지 않는다고 생각을 해야 그때부터 진정한 삶을 사는 출발점이 될 수 있다.

희망 HOPE

나는 남편 에드와 함께 한 결혼 생활이 너무 행복했고 그 중에서 시누이인 케이시를 알게된 건 행운과도 같은 일이었다. 2006년 시누이는 내게 뜻밖의 초대장을 보냈고 그 일로 인해 즐거움이 주는 힘이 얼마나 커다란지를 깨닫게 된 계기가 되었다.

내 마흔 번째 생일을 며칠 앞두고 나와 내 남편은 시누이가 결혼을 한다는 소식을 들었다. 내 시누이가 서른 아홉의 늦은 나이에 진심으로 사랑하는 남자를 만나 결혼을 하기로 했다는 그 소식은 모든 가족들을 결혼식 준비로 설레이게 만들었다.

모두들 기뻐하고 있는 와중에 내게는 문제가 하나가 있었다. 유방암 2기라 치료를 받고 있었기 때문이다.

마음 속으로는 케이시와 모티의 결혼을 한껏 축복해줄 수 있었지만 내 처지를 돌아보면 한편으로는 속이 상했다. 결혼식 날짜가 마침 방사선 치료를 받기로 한 날과 비슷했다. 나는 이미 수술을 세 번이나 받았고 끔찍한 화학요법 치료를 받으면서 내 감정은 롤러 코스터를 탄 것처럼 수시로 급변했다. 암과의 전쟁이 시작되기 전까지만 해도 전혀 상상할 수 없는 일들에 시달리고 있었다. 그리고 무엇보다 머리가 다 빠져서 남들 앞에 나서기가 너무 민망했다.

정말로 다른 사람들처럼 두 사람 앞에서 마음 껏 축하해주고 싶었다. 세 살짜리 내 막내 딸인 마야와 일곱 살짜리 아들인 노아는 결혼식날 옷을 이쁘게 입고 꽃을 들고 신부 앞에서 걸어나가는 화동이 된다는 생각에 들떠있었다. 남편인 에드는 자신의 동생이 결혼식을 올린다는 사실이 한편으로는 걱정이 되고, 한편으로는 마냥 들떠서 결혼식을 무사히 그리고 성대하게 끝마칠 수 있게끔 준비하느라 정신이 없었다. 이제 결혼식까지 며칠 남지 않았는데 시누이인 케이시는 내가 꼭 같이 와서 축하를 해줬으면 좋겠다고 연락을 해왔다.

난 정신적으로나 육체적으로나 결혼식에 참석하는 일은 거의 불가능하다고 생각했다. 이미 두 아이의 엄마 노릇도 제대로 못한지 오래되었을 뿐 아니라 뭐 하나 내 힘으로 혼자 할 수 있는 일이 별로 없었던 암 환자로서의 모습만 지닌 채 살고 있었다. 하지만 나도 다른 가족들과 함께 결혼식에 참석해 기뻐해주고 싶었다. 암 치료 때문에 몸이 무척이나 쇠약해진 상태였지만 그래도 결혼식에 참석하기 위해 준비를 하기 시작했다. 결혼식에 입고 갈 옷을 사고 교통편과 머무를 호텔을 예약했다. 신부에게 선물할 악세사리를 사고 두 사람이 죽을 때까지 그 사랑 변치말라는 의미를 지닌 조그만 장식품을 하나 샀다. 내 친구들은 결혼식에 가는 걸 다시 한번 잘 생각해 보라고 말렸지만 담당 의사는 오히려 그 정도는 괜찮다고 하면서 너무 오랫동안 치료에만 매달리다가 소중한 시간들을 놓치기만 하는게 더 안좋다고 했다. 거기다가 결혼식에 참석하는데 지장이 없게끔 방사선 치료 시간을 조정해 주기까지 했다.

결혼식은 토요일이었다. 우리가 살고 있는 곳과 결혼식이 열리는 곳은 차로 7시간 가량 떨어져 있었기 때문에 가족들은 먼저 차를 타고 결혼식이 열리는 곳으로 가고 나는 혼자 남아서 금요일 오전까지 방사선 치료를 다 받고 난 후 공항으로 달려가 11시 비행기를 타는 것으로 계획을 세웠다. 그러면 금요일 저녁에 열리는 결혼식 리허설에 늦지 않게 참석을 할 수 있었다.

목요일 밤 가족이 모두 떠나고 혼자 남아 있으니까 계획대로 될 수 있을까하는 걱정이 들기 시작했다. 방사선 치료를 받고 나면 녹초가 될만큼 피곤해지는데 괜찮을까? 옷이나 제대로 입을 수 있을까? 그리고 머리가 다 빠져 흉측해진 내 머리를 어떻게 가려야 할까?

이 생각 저 생각으로 걱정이 이만저만 아니었지만 그래도 마음을 굳게 먹고 결혼식에 꼭 참석해야 한다고 다짐을 했다. 암에 걸려 특히 어린 나이에 생기는 결코 반갑지 않은 일들 중 하나는 가족과 함께하는 시간의 중요성을 소홀히 하게 된다는 사실이다. 내가 이 결혼식에 꼭 가고 싶은 이유 중 하나는 이쁘게 옷을 입고 나타날 내 아이들의 모습을 보고 싶어서이고 또 가족들과 그 기쁨을 좀더 가깝게 공유하고 싶어서이다. 그리고 또 한가지 이유는 지금 내가 살고 있는 곳이 이상 기후로 너무 더운 날씨가 계속되어 더 지치는 것 같았다. 그래서 이 도시를 떠나 잠시라도 바깥 바람을 쐬고 싶었다.

금요일 아침, 안개가 자욱하게 끼었다. 차에 타고 시동을 걸어 병원으로 향했다. 병원에서 치료를 받고 서둘러 공항으로 향해 늦지 않게 비행기에 올라탈 수 있었다. 그때서야 난 머리에 두르고 있던 스카프를 다시 한번 매만지면서 안도의 한숨을 내쉬었다. 비행기를 타고 가는 동안 책을 읽거나 그곳에서 기다리고 있을 내 가족들이 어떻게 하고 있을까, 만나면 어떻게 할까라는 상상을 하며 시간을 보냈다

공항에 도착하자 남편인 에드가 마중을 나와 있었다. 하지만 그곳 역시 내가 살던 동네와 별반 다르지 않게 이상 기후 때문에 뜨거운 열기가 숨을 멎게 하고 있었다. 우리가 예약했던 호텔로 가면서 남편은 먼저 들고 갔던 내 옷가방을 호텔 측에서 분실해 한 때 그걸 다시 찾느라 애를 먹었었노라고 얘기를 했다. 그 안에는 내 신발과 옷가지들이 들어있었다.

결혼식 리허설이 열리는 연회장으로 가자 아이들이 있었다. 난 한 걸

음에 달려가 키스를 했고 결혼식의 주인공들에게도 축하 인사를 했다. 그곳에서 가족전체가 모여 식사를 하면서 모두들 내일 열릴 결혼식에 들떠 있었다.

결혼식이 열리던 날은 무척 맑았지만 또 한편으로 무척이나 더웠다. 남편과 나는 하객들을 위해 시원한 물이 더 필요할 것 같아 여분의 물을 사러 다녔다. 오후가 되자 가장 더운 날로 기록될 정도로 날이 더 뜨거워졌다. 그래도 신랑, 신부는 날씨 따위에 아랑곳 하지않고 마냥 즐거워만 보였다. 보통 사람도 지치는 이런 날씨에 난 방사선 치료까지 받고 왔기 때문에 더 힘들 수 밖에 없었다. 점점 더 몸이 녹초가 되어가고 있었는데 그 순간 내가 할 수 있는 선택은 딱 두 가지였다. 하나는 더위와 피곤에 지쳐 나가 떨어지느냐 아니면 이 즐거운 시간을 즐겁게 간직할 것이냐였다. 나는 기운을 다시 내서 사랑하는 가족들과 함께 춤을 추는 시간을 가지기로 마음먹었다.

찌는 듯한 더위 속에서 나는 새로 산 옷으로 갈아입고 머리에 이쁜 스카프를 다시 매었다. 그리고 이쁜 귀걸이를 하고 예쁜 꽃으로 장식된 모자를 스카프 위에 썼다. 내 아이들뿐만 아니라 다른 가족들 모두 그런 나를 너무 좋아해 주었다. 그런 모습들을 보면서 나도 모르게 눈물이 핑돌았다. 남편의 손을 잡고 연회장 한가운데로 들어서는 내 모습은 전혀 암환자라고 느껴지질 않을 정도였다. 오히려 세상에서 가장 운이 좋은 사람과 같은 모습처럼 보였다.

난 그날 저녁 내내 연회장에서 춤을 췄다. 내 작고 사랑스러운 딸과 함께 그리고 멋지고 늠름한 아들과 함께 춤을 췄다. 물론 내가 사랑하는 남편인 에드와도 함께 춤을 췄다. 심지어는 시누이 남편이 된 모티, 그리고 부모님과 친구들과 모두 함께 춤을 출 수 있을 정도로 기운이 넘쳐났다. 모든 사람들이 내게 너무 아름답다고 칭찬을 했다. 그게 사실인지 아닌지를 떠나 그런 말이 나같은 사람에게 얼마나 큰 힘이 되는지 알고 있을까? 어떤 치료보다 그런 말들이 나를 더 힘이 나게 만든다. 이렇게 행복한 시간을 가질 수 있게 했던 내 결정은 내가 상상했던 것보다 훨씬 더 크게 아름다운 즐거움을 내게 선사했다.

그래서 내게 이런 시간을 준 시누이에게 너무 큰 고마움을 느낀다. 이렇게 특별한 날에 함께 해줄 수 있게 했던 시누이가 나는 한없이 고맙게만 생각된다.

여러분이 힘들고 어려운 상황 속에서 있다면 사람들은 절대 이렇게 특별한 날에 여러분에게 와달라고 초대를 할 수가 없다. 괜히 하고 싶지 않은 걸 억지로 부담만 주지 않을까 싶어서 아예 그런 초대조차 하지 않을 수 있다. 머리가 다 빠진 나를 보고 다른 사람들이 당황해 할 수도 있고 경사스러운 날에 암 환자가 왜 왔지라는 생각을 할 수도 있다. 나 또한 멀리 떨어진 곳에 갈만큼 내게 기운이 남아있을까라는 걱정 때문에 처음에는 망설였지만 결국은 무슨 일이 일어날지 지레부터 겁을 먹기보다는 즐거운 일이 즐거운 일을 낳는다라는 생각을 가지게 되었다. 진심으로 축하해주고 진심으로 즐거움을 맞이하는게 여러분에게는 가장 값비싼 선물이 될 것이다.

나는 그날 내게 무엇이 가장 소중한지를 깨달았다. 쓰러지기 일보직전의 순간에서도 나는 모든 걸 무리없이 해냈다. 결혼식에 참석했다는 것뿐만 아니라 그곳에서 다른 사람들과 똑같이 모든 일을 했다는 게 중요하다. 내 생각에는 다른 사람들이 즐거워했던 그 순간들이 내게 전해져 많은 힘이 되었던 것 같다. 시누이의 결혼식에 참석했기 때문에 이 모든 일이 가능했고 특히 내 상황이 어떻든지 난 항상 즐거움과 함께 할 수 있는 힘을 가지고 있구나라는 걸 깨달은 게 내게는 가장 큰 선물이 되었다.

Dr. Siegel's 한마디

"하늘이 맑던 흐리던 상관없이 여러분은 각자의 마음 속에 자신만의 날씨를 만들 수 있다."

항상 주위 탓을 하며 살아가는 우리들을 반성해야 한다. 자기 자신을 되돌아보고 진심으로 자기 자신에 대한 반성을 하는 자세를 가져야 한다. 필자는 이 얘기 안에 삶의 고난과 반성에 대한 주제가 있다고 생각을 한다. 우리 모두가 죽기 전에 반드시 깨달아야 하는게 무엇인지를 알아야 하고 그리고 우리 자신을 스스로가 죽이고 있는 나쁜 점들이 무엇인지를 알아내 그것들을 하루 빨리 없애야 한다. 그래야 진정한 삶을 살아갈 수 있게 된다.

주인공인 디나의 말처럼 우리 모두는 노력해 볼만한 가치를 지닌 사람들이다. 우리 모두는 대자연 앞에서는 아이들이나 마찬가지이기 때문에 무엇이 됐던 하나씩 터득해 가면서 커 가는 것이고 삶이 제공해 준 모든 것들을 누려야 할 가치를 지니고 있다. 벗겨진 머리를 보면서 내가 아무렇지 않아 하면 아무런 문제가 되지 않는 조그만 문제에 지나지 않는다. 그것보다는 진정한 내 자신과 정신과 감정을 밖으로 들어내는 일이 더 시급히 필요한 문제이다. 머리가 벗겨졌다고 해서 사람 자체가 변하는게 아닌데도 그 사실 때문에 자기 자신을 숨기는 일이 더 큰 문제이다.

주인공이 말했던 것처럼 암에 걸리고 나면 다른 문제들은 굉장히 작게 여겨진다. 가방을 잃어버렸다거나 하는 문제는 그야말로 암에 비하면 아무런 문제로 생각되지 않는다. "사소한 것에 목숨걸지 마라."는 말처럼 암에 걸리고 나면 정말 모든게 다 사소해 보인다.

날씨가 무척이나 더워졌기 때문에 그녀가 더 힘들어 했지만 그래도 주인공은 즐거움을 선택했다. 마음의 힘은 정말 위대하다. 날씨나 치료법이 아무리 중요하다 한들 그 자체를 독으로 생각하고 부정적으로만 바라본다면 결국은 더 나빠질 수 밖에 없다. 즐거운 마음으로 모든 일을 대한다면 다른 건 아무런 제약이 될 수 없을 때가 많다.

여러분이 기뻐서 웃는 일이 많아지면 몸에 있는 생존 능력과 생존 욕구가 더 커지기 때문에 기운을 더 나게 만들어 준다. 주인공인 디나는 다른 사람들에게 어떻게 하면 이쁘게 보일까하면서 또 다른 사람들이 그녀에게 이쁘다고 하는 말을 들으며 기쁨과 즐거움이 넘쳐났다. 필자는 이런 모습을 내가 맡고 있는 환자들에게서도 종종 보게

된다. 즐겁게 하루를 보내는 환자를 여러분이 보게되더라도 저 사람
은 조만간 다 낫겠구나라는 생각을 하게 될 것이다. 즐거움으로 가득
한 사람은 주위에 광채가 생긴다. 그렇기 때문에 그런 사람들일수록
치유가 될 가능성이 더 높다.

행복한 마음을 가져라. 그래서 자신의 주위에 있는 사람들 모두 그
행복감을 느낄 수 있게 해라. 다른 모든 사람들에게 커다란 선물이
될 것이다.

주인공인 디나가 필자를 다시 한번 일깨워 준 것은 "즐겁게 지내
라. 그러면 즐거움 때문이라도 몸이 좋아질 수 있고 또한 진정한 치
유는 마음을 통해 일어날 수 있다."라는 점이다.

그 해 가을

_마가렛 쉐인

2007년 가을 하늘은 온통 시뿌연 잿가루와 먼지들로 가득했고 쾌쾌한 냄새가 숨 쉬기 힘들정도로 진동을 했다. 하늘을 뒤덮고 있던 매연은 잠시 후 사라졌지만 냄새는 계속 코를 찔렀고 눈이 따끔거렸다. 갑자기 발생한 산불로 인해 수많은 사람들이 삶의 터전을 잃고 발을 동동 거리고 있는 모습이 TV 뉴스에 계속 나오고 있었다. 뉴스에서 어떤 여자는 모든 추억과 귀중한 재산을 잃어버렸다고 울먹이며 앞으로 어떻게 살아가야 할지 막막하다고 하소연을 하고 있었다. 나는 TV에 나오는 암울한 광경에서 눈을 뗄 수 없었다. 불에 타 검은 재만 남은 저 산이 예전 모습으로 돌아가려면 얼마나 걸릴까? 봄이 되면 다시 새싹이 피어날까? 새롭게 피어나는 꽃들도 있겠지만 영영 다시 피어나지 못하는 꽃들도 있겠지. 씨앗들이 피어나기 위해 저 뜨거운 열기를 뚫고 나와 뿌리를 내리겠지.

4년 전에도 이 지역에는 대형 산불이 나서 모든 걸 삼켜버렸었다. 똑같이 4년 전에 내게도 커다란 산불이 났었다. 난소암이 조용히 살금살금 다가와 나를 삼켜 버리려 했었다.

TV를 끄고 따듯한 허브차를 한잔 마셨다. 담요를 무릎 위에 감싸고 편안하고 조용히 이 시간을 음미했다. 머리 위로 손을 뻗쳐 머릿결을 만져봤다. 머리가 다시 자라나는 걸 느낄 수 있어 너무 행복했다. 외모도 차츰 예전 모습을 되찾아가고 있었다. 얼굴도 아직까지는 꽤 괜찮아 보였지만 그래도 입과 눈 주위에 생기는 주름만큼은 어쩔 수 없나 보다.

내가 한 때 가졌었던 꿈들은 이제 현실 속에 묻혀가고 있지만 그래도 희망과 열정만큼은 아직도 변함없이 내 안에 남아있다.

나이 마흔에 난소암 판정을 받았다. 그리고 몇 번의 수술과 화학요법 치료를 받았고 이제 임상적으로 완치가 되었다. 처음에 암 얘기를 들었을 때 들었던 그 두려움은 이제부터 더 치열하게 암과의 싸움에 임해야 하고 더 안좋아질지도 모른다는 생각 때문에 더 무섭게만 느껴졌던 것 같다. 저산 어딘가에서 불이나 마을을 덮치리라고 누가 상상이나 했겠는가? 아무도 알 수 없는 일이 갑자기 일어났듯이 나도 그 순간 전혀 예상치 못했던 일 때문에 불안하고, 우울하고, 맥이 빠지면서 걱정만 됐다. 그러나 나는 곧바로 어떤 일도 나를 쓰러뜨리지 못할 것이라는 자신감을 가졌다. 그리고 내가 걸린 병으로 인해 얻는 것도 있을거라 생각을 하기 시작했다.

난 평소에도 종교 생활을 열심히 하고 있었기에 신과 내 자신에 대한 믿음이 두터운 편이었다. 그래서 그런지 몰라도 힘든 일이 생길 때마다 천사들이 내 주위를 감싸며 나를 지켜주고 있다고 믿으며 지내왔다. 암이라는 산불이 내 주위를 둘러싸고 나를 집어 삼키려 할 때도 역시 천사들이 나타나 나를 도와줬다. 그 천사들은 다름 아닌 내 가족과 친구들 그리고 암에서 완치되어 살고 있는 사람들, 의사들 그리고 때로는 생면부지의 낯선 사람들이었다.

수술이 끝나고 누군가 내게 강한 어조로 "이겨내야 합니다."라고 말을 했다. 다름 아닌 수술을 담당했던 의사 중 한 명이었던 셰론 선생님이었다. 다른 의사 선생님들도 옆에 있었는데 그 중에는 벤이라는 의사 선생님도 있었다. "기분이 좀 어떠세요?"라고 그 선생님이 물어왔다. 나는 속으로 '정신을 차리자. 그런데 지금 내 몰골이 말이 아닐텐데 이렇게 다들 나만 바라보고 있네.'라고 생각을 했다.

그 안에는 가족들도 함께 있었는데 아버지가 굵은 저음의 목소리로 내 손을 꼭 쥐며 "얘야, 아버지 여기 있어."라고 말을 했다. 그리고 그 옆에는 새엄마도 함께 있는게 보였다. 하지만 난 정신을 차리고 깨어날 수 없었다. 아직 마취가 덜 풀려서 그런지 순간적으로 잠 들었다 깨어났다를 반복했다. 아버지는 내게 언제나 든든한 버팀목이셨다. 언제나 내 곁에서 자상하고 편한 목소리로 나를 지켜주고 계셨다. 갑자기 차가운 기운이 하얀 수증기를 내뿜으며 내 뺨 주위로 스며들기 시작했다. 오빠 마이크가 거기에 있었다. "지금 뭐하는거야?"라고 물어보자 오빠는 "응. 가습기 틀었어."라고 조용히 말하면서 젖은 수건으로 내 얼굴을 닦아주기 시작했다.

병원에서 퇴원해 집으로 돌아왔을 때 언니 신디는 부엌에서 바쁘게 돌아다니고 있었다. 방 안에 누워있는데 마늘과 토마토 냄새가 코를 찔렀고 찬장에서 냄비와 후라이팬을 꺼내는 소리가 들렸다. 내가 제일 좋아하는 미트로프를 만들고 있는게 분명했다. 그날 밤 내가 자는지 보려고 언니가 살며시 문을 여는 소리가 들렸다. 나는 언니에게 "언니, 전처럼 밖에 나가 돌아다니지 못하면 어쩌지? 예전과 똑같을 수는 없겠지?"라고 말했다.

"마가렛, 지금 니 기분이 그래서 그런 생각이 들거야. 하지만 앞으로 얼마든지 예전처럼 밖에 돌아다닐 수 있으니까 너무 걱정하지마. 어제 밤에 언니가 꿈을 꿨는데 니가 쇼파에 앉아서 굉장히 즐거워하면서 뭔가를 하고 있는거야. 그 때 네 모습이 정말 건강하고 이뻐보이더라. 그 순간 너는 나를 보면서 암을 이겨 낸 게 니 인생에서 최고의 일이라고 말을 하더라. 너무 생생해서 진짜 같았어. 지금처럼 이렇게 너랑 얘기하고 있었거든."

화학요법 치료가 끝난 다음 날 가족 모임에 가기 위해 공항으로 향했다. 가방 검사대 위에서 매우 유쾌해 보이는 한 중년 남자가 가방 검사를 하면서 자신은 살아가는 게 얼마나 큰 행운인지 모르겠다고 하면서 매일

매일이 즐겁다고 말을 했다. 그리고 내 신원조회를 위해 운전면허증을 보면서 "정말 아름다우시네요."라고 웃으며 말했다. 나도 같이 웃으며 "암에 두 번이나 걸렸던 사람치고는 괜찮죠?"라고 대답했다. 그 남자는 순간 당황하면서 어쩔 줄 모르는 표정이 역력해 보였다. 그리고는 이내 "정말 멋지고 아름다운 분이네요."라고 말했다.

암은 두려움을 몰고 오지만 내가 생각했었던 것만큼 두렵지는 않았다. 과거에는 누군가 내가 할 수 없는 일을 부탁하거나 억지로 시키면 마음의 상처를 받거나 더 열심히 일을 했다. 고집도 꽤 센 편이었고 의지력도 강해서 왠만하면 혼자 모든 걸 처리하는 스타일이었다. 그러다보니 내 자신에게 너무 가혹하게 구는 게 습관이 되었다. 지금은 그런 일이 생기면 천천히 여유를 가지고 내 자신을 한번 더 생각하게 된다. 세상을 다른 눈으로 보기 시작했다고 할까. 내 오랜 습관이 이제는 모두 사라져버렸다. 이제는 합리적이고 이성적으로만 판단하려고 하기보다는 마음으로 그리고 감성적으로 생각을 한다.

예전에는 모든 일을 "해야만 하는 일"인지 아니면 "할 수 있는 일"인지를 놓고 판단했다면 지금은 "내가 진정 원하는 일"인지 그리고 "내게 좋은 일"인지를 먼저 생각하게 됐다. 전에는 절대 없었던 내 자신을 존중하고 사랑하는 법을 배웠다. 암이라는 산불이 내 마음 안에 있던 숨겨진 씨앗을 싹트게 할 수 있었다. 암이 준 많은 선물들이 있지만 그 중에서 내 마음에 희망과 사랑과 웃음이 생기게 해주었다는게 가장 크다. 암과 싸우는 것은 인생을 새롭게 다시 시작할 수 있는 열정을 가지는 것이다.

다시 가을이 왔다. 일년 중 내가 제일 좋아하는 계절이다. 새로움의 시작이고 시원한 가을바람과 학창 시절의 추억과 새로운 사랑과 그리고 핫 초콜릿 한잔의 계절이다.

나의 강인한 정신은 내 몸을 집어 삼키려고 했던 암이라는 산불로부터 생겨났다. 메마른 내 마음의 대지 위에 새로운 씨앗이 자라나 푸른 나무가 되어가고 있다. 그리고 그 나무 위로 파란 하늘이 빛나고 있다. 나는 그 아름다움에 흠뻑 취해 숨이 멎을 것 같다.

Dr. Siegel's 한마디

암이라는 건 자신이 몰랐던 진실을 반영해 주는 흐르는 물과 같다. 멀리 떨어진 거울을 통해 비춰보는 게 아니라 물 가까이에서 자기 자신의 참 모습을 비춰볼 수 있게 해준다. 그래서 물에 비춰진 자기 자신의 참모습과 하나가 되었을 때만이 인생에 커다란 산불이 났을 때 그 물로 불을 끌 수 있게 된다. 소방관들이 한 팀을 이루어 화재를 진압하듯이 여러분도 가족이나 친구들과 한 팀이 되어야 위기를 극복해 나갈 수 있다. 모든 사람들이 하나가 되었을 때만이 더 나은 치유를 할 수 있는 분위기가 조성된다.

주인공인 마가렛이 했던 것처럼 잠들었을 때 꿨던 꿈을 무심코 흘려버리지 말아야 한다. 꿈은 우리에게 무의식적으로 우리가 가지고 있는 생각들을 대변해 주기도 한다. 또 꿈에서 희망적인 메시지들을 받을 수도 있다. 때로는 사랑하는 사람이 나오는 꿈을 꾸면서 영감을 받기도 한다. 자신이 나오는 꿈이던, 다른 사람이 나오는 꿈이던 상관없이 꿈은 우리가 가야할 길을 알려주기도 한다.

마가렛은 암을 이겨내는 과정을 통해 자기 자신을 혹사하는게 아니라 사랑하는 게 얼마나 중요한지 깨달았다고 말했다. 필자는 암과 대항해서 싸우느라 지쳐만 가는 사람들을 많이 봤다. 필자는 그런 모습들을 보면서 암을 자기 마음대로 통제할 수 있다고 생각하는 것이야말로 암세포에게 더 큰 힘을 주게 될 것이라는 생각을 자주 한다. 마가렛도 자신의 병을 무찌르려 하지 않고 오히려 자기 자신을 더 사랑하는 모습을 가지려고 노력하기 시작했을 때 좋은 결과가 생겼다.

우리의 몸은 싸움에 소비하는 시간과 자기 자신을 사랑하는 시간 중 어느게 더 많은지 금방 알아차릴 수 있다. 자신의 몸과 마음과 정신에 더 많은 신경을 써야 치유의 과정이 일어날 수 있다. 싸울 때 나오는 아드레날린은 최대한 빨리 위험으로부터 벗어날 수 있게 도와주지만 그렇다고 해서 평생을 위험으로부터 도망다니면서 건강해지기를 바라는 건 앞뒤가 맞지 않는다. 불 속에 있어서 위험하다고 생각하지 말고 밝게 빛나는 인생의 촛불이 여러분의 주위에 타오르고 있다고 상상을 해라. 생존의 기회는 내 안에 있는 촛불이 얼마나 오래 타오를 수 있는지에 달려있다. 자신 주위에 타오르고 있는 불들을 위험이라고 생각하지 말고 여러분의 열정이라고 생각을 해라.

마가렛이 말했던 새로운 씨앗들은 새로운 삶이 시작되었음을 의미한다. 여러분도 각자에게 존재하는 인생의 씨앗들을 한시도 멈추지 말고 계속 뿌리고 가꿔나가야 한다. 암이 거름이 될 수도 있다고 생

각을 해라. 마가렛이 암에 걸린 후 새로운 삶을 살아갈 수 있는 계기
가 되었던 것처럼 말이다.

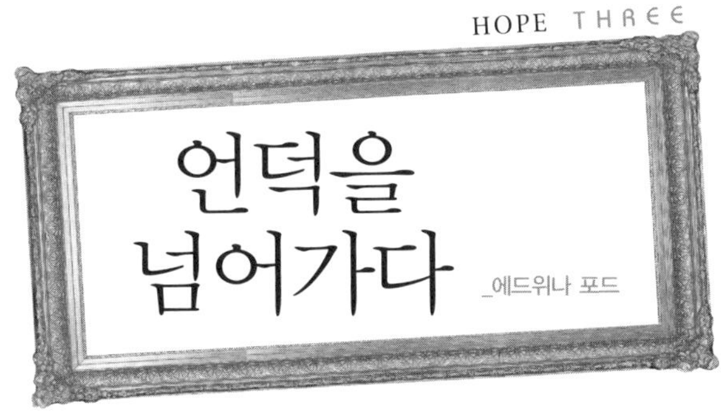

언덕을 넘어가다

_에드위나 포드

올 여름은 유난히 더운 것 같다. 참기 힘들 정도의 폭염이 계속 되고 있었다. 나는 시원한 에어컨 바람을 쐬면서 차에 앉아 있었다. 차 밖으로 나가면 뜨거운 열기 때문에 숨이 막힐 게 뻔했기 때문이다. 커다란 버드나무 밑에 차를 대놓고 한동안 더위를 피하고 있다가 "이제 그만 나가야지. 더 이상 꾸물 거릴 시간이 없어. 빨리 내려."라는 목소리가 내 안에서 울렸다. 용기를 내어 차에서 내려 뒷자리에 있던 장바구니를 손에 들고 집으로 뛰어 들어갔다.

거실에서는 TV 소리가 시끄럽게 울려퍼지고 있었다. 남편인 팀이 스포츠 채널을 보고 있었다. 남편의 다 벗겨진 머리에는 새로 난 머리가 듬성듬성 자리를 잡아가고 있었다. 커다란 안락의자에 푹 파묻혀 있는 그의 모습이 오늘따라 더 왜소해 보였다. 앞으로 5년 동안 또 무슨 일이 벌어질까? 나는 매일 이런 걱정을 하며 지냈다. 남편도 마찬가지일 것이다. TV를 보니 프랑스의 한 작은 마을 풍경이 보였다. "아! 맞다 오늘은 투어 드 프랑스 매년 7월 3주동안 프랑스에 열리는 세계적인 사이클 경주대회로 총 주행거리는 평균 3,000km 정도 되고 평지 구간 뿐만 아니라 알프스, 피레네 산맥 등의 험준한 구간을 거치기 때문에 매년 200여명의 참가자 중 절반 정도만 완주를 하는 대회이다 의 첫 번째 구간 경기가 열리는 날이구나. 까먹고 있었네."

"누가 우승했어요?"

"랜스가 우승했어."라고 남편이 대답했다. 그의 커다란 눈은 빨갛게 충혈되어 있었다. "랜스가 첫 번째 구간에서 우승을 했어. 랜스 암스트롱 1996년 25살의 나이에 고환암이 폐와 뇌까지 전이돼 고환과 뇌 절제 수술을 받고도 암을 극복하고 투어드 프랑스를 석권한 미국 선수 이 다시는 경기에 참가 못할지도 모른다고 말했던 거 당신도 기억하지? 그래서 소속팀이 랜스가 화학요법 치료를 받는 동안 팀에서 방출했었잖아. 근데 이제 보기 좋게 우승을 한거야." 말하는 팀의 입가에는 미소가 한가득 번져나오고 있었다.

"랜스가 새롭게 들어간 소속팀도 지금 좋아서 난리가 났겠네요."라고 말했다. 남편과 랜스 암스트롱 두 사람처럼 나 역시 기쁨을 감출 수 없었다. 남편은 오후 내내 그 경기를 보느라 기운이 모두 소진된 듯했다. 남편이 TV로 중계되는 운동 경기에 그렇게까지 흠뻑 빠질 수 있다는 사실만으로도 좋은 일이었다.

"이제 첫 번째 구간에서 우승을 했으니까 앞으로 남은 20일 동안의 경

기에서도 잘 할 수있을거야."라고 말하는 남편의 목소리는 떨렸고 눈은
다시 빨갛게 충혈되기 시작했다. 남편은 재빠르게 고인 눈물을 훔쳐냈다.
지금까지 남편이 눈물을 흘리며 울먹이는 모습을 본 적이 거의 없었다.

남편은 나를 쫓아 부엌으로 와서는 그 사이클 경기에 대해 계속 얘기
를 했다. "그 경기는 말이야 구간별로 시간을 합산해서 우승자를 가리는
데 프랑스 전국을 일주하는 레이스야."

난 알아들었다는 표시로 고개를 끄덕거렸다. 그리고 "배고프지 않아
요?"라고 물어봤다. "아니, 괜찮아."라고 말하는 남편에게 사과를 한쪽
건냈다. 남편은 수화기를 집어들더니 친한 친구에게 전화를 걸었다. "그
가 우승했어. 자네도 보고 있지?"

남편은 통화가 끝나자 내게 "아마 나도 암에서 완치될 수 있을거야.
그리고 자전거도 다시 탈 수 있게 되겠지."라고 말했다. 그의 눈에는 여
전히 눈물이 고여있었다.

다음 날 아침 거실에서 웅얼거리는 소리에 잠을 깨었다. 옆에 있어야
할 남편이 그 순간 보이지 않았다. 지난 밤에 안락의자에서 그냥 잤나라
고 생각하면서 커피를 마시러 부엌으로 향했다. 역시 내 예상대로 남편은
안락의자에 앉아 TV를 보고 있었다.

"뭐 보는거에요?"

"투어드 프랑스"

찻잔을 들고 그 자전거 경주대회를 보고 있었다. 남편은 매일 새벽 5시

에 위성으로 생중계되는 투어드 프랑스 경기를 보기 위해 일찍 일어나는
게 새로운 습관이 됐다. 수많은 난코스들 언덕과 계곡을 오르내리며 사투
를 벌이고 있는 선수들을 보는게 그의 낙이 되었다. 시간이 흘러 마침내
그 대회의 마지막 날인 7월 14일 아침, 남편에게 "당신은 정말 경기 내내
랜스 암스트롱을 열렬히 응원했는데 이제 마지막이네요."라고 말했다.

"실망이야. 이럴 수는 없어."라고 남편이 말하며 고개를 저었다. "랜
스 암스트롱은 180명 참가 선수 중에서 5위 안에 들었는데 모든 신문에
서 크게 다루지 않고 기사가 전부 작게 나왔잖아."

그리고는 갑자기 "이래서는 안될거 같아. 나라도 나서서 바꿔놔야 할
것 같아."라고 말을 하면서 일어나더니 모아 놓은 신문더미 위로 가서 뒤
적거리고는 몇 장의 신문을 들고 다시 돌아왔다. 그리고 전화기를 들었
다. '도대체 뭐하려고 하는 거지?'

수화기를 들고 상대편이 받기를 기다리고 있는 듯 했다. 그의 한 손에
는 신문 한 장이 들려있었다. "여보세요. 거기 스포츠면 담당 기자하고
얘기를 하고 싶은데요." 그리고는 다시 신문을 펼쳐보더니 "이름이 루비
엘 기자요." 갑자기 깜짝 놀란 표정을 지으며 내게 "여보. 그 사람하고 연
결해 줄테니까 조금만 기다려보래." 신문을 내려놓고는 내 손을 꽉잡았
다. 남편의 손은 떨리고 있었고 그 기자에게 자기 소개를 할 때는 버벅거
리기도 했다. 숨을 크게 들이 마시고는 다시 한번 똑바로 자기 소개를 하
면서 왜 전화를 했는지 그 이유를 차근차근 설명하기 시작했다.

"물론 많은 미국 사람들이 싸이클링 경기를 좋아하지 않는 거 알아요.

하지만 많은 사람들이 암과 싸우고 있습니다. 저는 랜스 암스트롱이라는 선수의 기사를 통해 감동적인 휴먼 스토리와 암으로 고통받고 있는 사람들을 위한 희망적인 기사를 보고 싶었어요. 다른 사람들도 그럴거라 생각합니다.”

남편은 정말 진심에서 우러나오는 목소리로 통화를 하고 있었다. 남편의 그런 마음이 전해졌는지 그 기자도 관심을 가지는 것처럼 보였다. 잠시 머뭇 거리던 남편은 “나 역시 암에 걸려 힘들어 하고 있는 사람입니다. 그런 기사를 실어야 나 같은 사람이나 나처럼 암으로 고통받고 있는 사람들의 가족들이 보고 힘을 얻게 되는 것 아닐까요? 암과 싸워 이기고 돌아온 싸이클 황제의 역사적 귀환이라는 기사를 보고 싶습니다.” 그리고는 고개를 연신 끄덕거리면서 담당 기자의 말을 듣기 시작했다. 전화기를 내려놓고는 환하게 웃으면서 “그 기자가 좀 더 자세히 알아보고 기사화할 수 있는지 생각해 보겠데.”라고 말했다.

다음 날 우리는 전부터 계획해 왔었던 캠핑 여행을 떠났다. 캠핑 카를 몰고 덜컹거리는 비포장 도로를 한참 달려 우리가 자주 찾던 야영지에 도착했다. 이 곳에서 3박 4일 동안 자연을 만끽하며 지낼 예정이었다.

커다란 소나무들이 야영지 주변을 둘러싸고 있었고 소나무 밭 사이에 넓은 풀밭이 자리 잡고 있었다. 오랜만에 맡보는 풀내음과 고요함을 만끽하고 있는데 남편이 갑자기 “아! 내가 전화했던 내용으로 기사가 실렸는지 알려면 여기서는 신문을 볼 수 없으니까 꼼짝없이 월요일까지 기다려야 되네."라며 한숨을 내쉬었다. 그리고는 나무들을 멍하니 바라보다가 "잠깐만, 톰과 테리가 내일 온다고 했으니까 개네들 올 때 신문을 가지고 오라고 하면 되겠구나."라고 하면서 그 친구들에게 전화를 걸었다. 그리고는 활짝 웃으면서 "여보 톰이 내일 올 때 신문을 가지고 오겠다네."라고 말했다.

금요일 저녁 6시 경 멀리서 차 소리가 들려오기 시작했다. 톰과 테리가 저 멀리서 먼지 바람을 내며 달려 오고 있는게 보였다. 그들이 점점 더 가까이 오자 톰이 크게 웃고 있는 게 보였다. 그리고는 신문을 손에 들고 마구 휘두르고 있었다. 마침내 차가 우리 앞에 도착했을 때 톰이 차에서 뛰어 내리면서 "여기 좀 읽어봐."라고 했다. 남편은 신문을 뺏어들고는 신문 1면에 커다랗게 실린 랜스 암스트롱의 사진과 "암을 물리치다."라는 제목의 기사가 있음을 발견하고는 뛸 듯이 기뻐했다. 그 기자가 마침내 전세계에서 암으로 고통받고 있는 사람들에게 힘을 복돋아주는 위대한 기사를 실은 것이었다. 남편은 거의 울먹이며 그 기사를 찬찬히 읽어내려 갔고 나 역시 마찬가지였다. 그리고는 다 같이 어깨동무를 하고 덩실덩실 춤을 추기 시작했다. "처음에 전화를 했을 때만해도 이 정도까지 기사가 실릴 것이라고는 전혀 생각하지 못했는데 어떻게 이런 일이 생길 수 있지?"

월요일 아침 남편은 이발소 문을 열고 오는 손님마다 그 기사에 대한 얘기를 해주었다. 그 때마다 난 멀찌감치 떨어져 그의 얘기를 들었다. 그런데 손님 중 한사람이 그이에게 "앞으로 어떻게 됐으면 좋겠어요?"라고 말하자 남편은 "언젠가 나도 신문에 실린 랜스 암스트롱의 기사처럼 암을 이겨낸 사람이라고 알려지길 바래요."라고 대답했다.

그 뒤로 랜스 암스트롱의 이야기는 암과 싸우고 있는 모든 사람들에게 큰 힘이 되었다. 내 남편인 팀의 전화 한 통이 한 젊은 영웅을 세상 밖으로 알려지게 하는데 있어 얼마나 큰 보탬이 되었는지 정확히 알 수는 없지만 그래도 남편의 전화가 작은 계기가 되었음은 분명하다. 그 일로 인해 남편 역시 새로운 전환점을 맞은게 분명했다.

새로 이사한 집은 커다란 현관 유리 창을 통해 빛이 잘 들었다. 창 밖으로는 눈 덮인 산이 보였고 우리 두 부부가 살기에는 더없이 좋은 집이었다. 오래된 습관은 고치기 힘들다고 우리는 여전히 산악 자전거를 즐겨 탄다. 자전거를 타러 나가면 남편은 가끔 이렇게 소리친다.

"오늘 기분 최고야. 나는 암을 이겨낸 사람이다!"

Dr. Siegel's 한마디

"1등으로 들어오는게 중요한 게 아니다. 시작했을 때 가졌던 계획을 어떻게 마무리 짓느냐가 중요하다."

이 이야기 초반부에 주인공 에드위나는 차 안에서 시원한 에어컨 바람을 맞으며 있을 것인지 아니면 찌는 듯한 더위 속으로 나가야 할지를 놓고 결정을 해야하는 순간에 직면한다. 이 때 그녀는 하고 싶은 일을 할지 아니면 해야만 하는 일을 할지를 놓고 갈등하다가 전쟁에서 졌다라는 표현을 한다.

그리고 또 다음 5년동안 무슨 일이 벌어질지에 대해 걱정을 한다. 우리들 중 어느 누구도 앞으로 5년 안에 무슨 일이 벌어질지를 알고 사는 사람은 없다. 자신도 알지 못하는 문제에 대해 결정을 할 때 우리는 대부분 불행할까 아니면 행복할까라는 기준점을 두고 선택을 하게 된다. 낙천주의자들이 비관론자들보다 더 오래 살고 건강하다. 오늘이라는 시간을 보내야만 앞으로 다가올 5년을 생각할 수 있는 것이다.

주인공의 남편이 자기 자신을 암의 피해자라고 생각을 했는데 피해자나 실패자라는 얘기는 미래에 대한 아무런 희망이나 대안이 없다는 의미이다. 하지만 남편 팀은 신문사에 전화를 걸어 기자에게 자신의 주장을 말하는 행동을 통해 피해자의 모습으로부터 벗어났다. 자기 자신에 대해 가지고 있는 부정적인 생각들을 떨쳐버리려 했기 때문에 미래를 다른 관점에서 볼 수 있게 되었다. 자신이 겪고 있는 아픔과 경험을 당당히 말함으로써 변화를 불러왔고 또 자신과 비슷한 처지에 놓인 다른 사람들을 도와주고 싶어했다. 신문을 보면서 대수롭지 않게 여기기보다는 오히려 기회로 삼았다.

사랑이 담긴 행동을 밖으로 표출해야 자신을 치유하는데 도움이 되고 더 의미있는 삶을 보낼 수 있게 된다. 만약 그 담당 기자가 암에 걸렸었다면 그렇게 전화를 받을 필요도 없을지도 모른다. 다른 사람과 얘기를 할 때 상대방이 직접 경험했던 얘기를 들을수록 더 깊이 심취하며 듣게 되고 이해를 하려고 한다. 머리보다는 감정으로 먼저 들으려 하기 때문이다. 바로 이런 점들이 암과 관련된 단체들이 왜 더 도움이 되는지를 말해주는 이유이다. 그런 단체에 있는 사람들은 주로 암을 경험해본 사람들이기 때문에 비슷한 처지에 있는 사람들의 말을 더 잘 이해할 수 있고 도움이 되는 얘기들을 더 많이 해줄 수 있으며 더 잘 들어줄 수 있다.

필자는 랜스 암스트롱이 암을 극복할 수 있었던 이유 중 하나가 그 사람이 운동선수였기 때문에 가능했다라고 생각을 한다. 운동 선수였기 때문에 평소에 훈련을 많이 해서 몸이 건강했다는 점을 말하는 게 아니고 정신력을 말하는 것이다. 그 사람 뿐만 아니라 모든 운동선수들은 승자가 되기 위해서는 수많은 실전과 연습을 해야한다는 사실을 알고 있다. 랜스 암스트롱은 암과의 승부에서 어떻게 해야 이길 수 있는지를 기본적으로 알고 있었던 사람이었다.

랜스 암스트롱이 자전거를 탈 때는 자신이 승리할 수 있다고 생각을 한다. 이게 바로 믿음과 희망이다. 남편인 팀이 "나는 살아남아서 자전거를 다시 타게 될거야."라고 말을 했을 때 그건 곧 희망을 다시 가지기 시작했다는 의미이기도 하다.

팀이 보여준 변화야 말로 살아가기 위해 가장 중요한 모습이다. 여러분이나 필자 모두 변해야 한다. 다른 사람들에게 도움이 되는 일을 하는 것은 영원한 씨앗으로 영원한 꽃을 피우는 일과 같다. 그렇기 때문에 연민과 사랑이 담긴 행동이 중요하다. 에이즈에 걸린 한 젊은이가 "악마는 에이즈라는 병이 아니라 에이즈에 걸린 사람들을 사람 취급하지 않는 바로 그런 사람들이다."라고 말했다. 남편인 팀이 신문사에 전화를 걸어 기사 뿐만 아니라 세상을 바꾸었다.

여러분 모두가 웃음과 친절한 말투 그리고 사랑이 담긴 행동으로 변화를 주어라. 필자는 다른 사람들에게 친절하게 대하는 사람들을 볼 때마다 "당신은 성공할 것입니다." 라는 말을 입버릇처럼 한다.

여러분 모두 앞으로는 다른 사람들에게 친절한 말투와 도와주고 싶어하는 마음을 가지기 바란다. 암으로부터 벗어나기 위해….

자유 Ⅱ

_로라 패리시 킹

남편인 에드와 나는 자라온 어린 시절이 너무 달랐다. 남편은 아주 어렸을 때부터 요트를 타고 항해를 하거나 스쿠버 다이빙을 좋아했고 자신의 보트도 가지고 있었다. 그해 비해 난 도시에서 태어나고 자라나 요트나 스쿠버 다이빙같은 건 꿈도 꾸지 못했다. 더운 여름날이면 아버지가 임시로 만들어 준 풀장 아닌 풀장에서 물놀이를 했다. 오빠와 두 여동생 그리고 나 이렇게 넷은 서로 호스로 물을 뿌려대며 놀곤 했다. 한번은 호스를 농구대 위에 걸쳐놓고 물을 틀어 마치 하늘에서 비가 오는 것처럼 만들어 밑에서 신나게 물을 맞으며 뛰놀기도 했다.

이렇게 남편과 나는 성장과정이 너무나 달랐다. 남편이 요트를 타고 놀러갈 때 난 뒷마당에서 공놀이를 했고, 남편이 스쿠버 다이빙을 즐길 때 난 농구를 했다. 수상 스포츠는 내 인생과는 전혀 어울리지 않아보였다. 남편이 보트를 타고 항해를 하며 그 안에서 사는 게 꿈이라며 같이 가지 않겠냐고 물어왔을 때 난 선뜻 대답하지 못했다. 도시 생활에만 익숙했던 내가 왜 전혀 낯선 환경 아니 솔직히 말해 두렵기만 한 그런 바다 위의 생활로 바꾸어야 하는지 용기가 나지 않았다.

몇 개월동안 고심 끝에 마침내 남편 에드와 함께 그 여행을 같이하기로 결정을 내렸다. 순간적으로 정신이 어떻게 됐었던 것 같기도 했다. 내가 과연 그 일을 잘 해낼 수 있을까? 좋아하고, 모험을 즐기고, 기회로 삼을 수 있을지도 모른다는 생각이 들기도 했다. 살면서 지금까지 경험해 보지 못했던 것들이었기 때문에 어쩌면 내가 그동안 모르고 살았던 부분들로 남은 내 여생을 채우며 살 수도 있다는 생각이 들었다. 일생에 한번 올까 말까하는 그런 기회일지도 모른다. 나는 그런 기회를 날려버리는 게 더 미친 짓이라고 생각을 했다. 일어날 수 있는 최악의 상황이래 봤자 한번 해보다가 도저히 안될 것같다 싶으면 다시 예전 생활로 돌아오는 것이었다. 그리고 무엇보다도 최고의 상황은 도전 정신과 새로운 경험 그리고 그런 경험을 해볼 수 있는 몇 안되는 사람 축에 속하는 행운을 누리는 것이다.

남편은 보트를 한 척 마련해서 이름을 '자유 II' 호라고 지었다. 왜냐면 남편이 마지막으로 가지고 있었던 보트 이름이 '자유'였기 때문에 그 뒤를 이어서 그렇게 지었다. 1992년 우리 둘은 보트로 이사를 해서 5년 동안 그 위에서 살면서 수 많은 곳을 항해하며 돌아다녔다.

나는 보트 생활에 적응하는데 꽤 애를 먹었다. 무슨 일이 생길 때마다 어떻게 해야 될지 몰라서 쩔쩔매었다. 하지만 항해를 시작한지 어느 정도 시간이 지나자 차츰 걱정이 조금씩 줄어들면서 재미와 신기함이 생기기 시작했다. 그렇다고 완전히 뱃사람의 아내가 되었다는 말은 아니다. 그래도 항해를 하는 동안에는 여전히 두려웠고 단 한순간도 긴장을 풀 수 없었다. 하지만 배 위의 생활에 대해 하나 둘 씩 배워가면서 그 전에 가졌던 두려움들이 차츰 사라지기 시작하면서 나 자신도 몰랐던 내 능력들을 발견하기 시작했다.

이제는 자연과 함께하면서 얻게 되는 흥분과 모험에 완전히 빠져있다. 파도가 잔잔한 고요한 아침에 물 위로 반사되는 하늘의 모습은 너무 아름다웠고 노을이지는 그 모습에 넋이 나가기도 했다. 돌고래들과 수영을 하기도 하고 물개들이 애완 동물처럼 다가오기도 했다. 파도소리와 야생 동물들의 울음소리를 베개삼아 잠이 들기도 했다.

살면서 벌어지는 다른 일들처럼 항해 역시 좋은 일이 있는가 하면 나쁜 일도 생긴다. 거대한 폭풍우와 싸워야 하는 일도 생기고, 아침마다 닻을 끌어 올리는 게 보통 일이 아니었고 또 어떨 때는 우리 보트에 도둑이 들기도 했다. 새벽 2시에 술취한 사람이 갑자기 보트 안으로 들어온 적도 있었고 한밤중에 보트로 들어온 뱀 때문에 잠을 설치기도 했다. 이런 나쁜 일들은 우리 부부에게 더 큰 도전정신을 심어줬고 바다 사람으로 그리고 인간으로 더 성숙할 수 있는 계기가 되기도 했다.

보트를 타고 바다로 나가는 일은 우리가 통제할 수 없는 그런 세상 속으로 우리 자신을 내맡기는 일이었지만 그래도 우리가 해야만 하는 일이기도 했다. 위기의 순간마다 "우리가 과연 해낼 수 있을까?"라고 고민할 겨를도 없이 맞부딪혀 싸워야만 했다. 그리고 그 위기를 헤쳐나가고 난 다음에야 우리가 어떤 일을 했는지 또 무엇을 배웠는지를 알게 되었다. 항해는 내 자신에 대한 믿음을 더 확고하게 만들어줬다. 인생에서 어떤 어려운 일이 닥쳐도 헤쳐나갈 수 있다는 걸 깨닫게 해주었다.

나는 보트에서 살면서 항해를 하는 여정을 통해 이렇게까지 소중한 경험들을 많이 얻을 수 있을지 미쳐 몰랐다. 암과 싸우고 있는 내 자신에게는 특히 더 소중한 경험들이었다. 항해는 내게 무엇보다 침착함과 여유를 가르쳐 주었다. 그 전까지는 패스트푸드와 즉석 사진, 전자레인지, 팩스, 휴대폰, 고속도로 등의 빠른 것만 강조하는 세상 속에서 살았다. 내가 어디로 가고 있는지, 내가 무엇을 해야 되는지 미쳐 생각할 겨를도 없이 무작정 달려가고, 쫓기듯이 지냈다. 보트를 타고 항해를 하는 시간동안 여유와 지금 이 순간을 즐기는 법을 배웠다.

암에 걸려 사는 건 말 그대로 항해 중에 강풍을 만난 것과 같다. 그래서 앞으로 나가는게 더디어 질 수 밖에 없게 만든다. 기다림의 시간이 시작된다. 혈액 검사를 기다려야 하고 정밀 검사를 기다려야 하고 그리고 검사 결과를 기다려야 한다. 또 거부 반응이 있는지 결과를 기다려야 한다. 기분을 편하게 하고 기다려라. 강풍이 지나갈 때까지 있는 힘껏 기다리며 항해를 하는 것처럼... 세상이 너무 빠르게만 돌아가서 때로는 불안해지고 초조한 기분에 사로잡히기도 한다. 나 자신도 5년 동안의 항해 생활을 해보지 않았다면 기다림의 미학을 절대 알지 못했을 것이다. 그곳에서 나는 어찌 할 수 없는 자연의 힘 앞에서 인내하는 법을 배웠다. 또 내가 상상조차 할 수 없을 정도의 용기가 내 안에 있다는 것을 알았다.

인생을 항해하는 일은 오르막과 내리막이 있다. 그건 암도 마찬가지이다. 어느 날은 햇볕이 따스하게 비추고 바람도 좋게 불어 순항을 한다. 하지만 그 다음날은 비가 쏟아지고 바람이 거세게 불어서 바다가 성난 폭군의 모습을 띠기도 한다. 남편과 나는 그 때마다 상황에 맞게 코스를 바꾸거나 목적지를 변경해야 했다. 안전한 항구로 대피를 하고 닻을 내린 후 날씨가 좋아질 때가지 기다리는게 가장 현명한 방법이라는 것을 알았다.

암에 걸렸다는 것도 별반 다를게 없다. 좋은 날도 있고 나쁜 날도 있다. 어느 날은 기운이 넘쳐나기도 하는데 그런 날은 그동안 밀린 가사 일을 했다. 밀린 빨래도 하고 장을 보러 갔다오기도 하고 친구를 만나기도 하면서 기분 좋게 하루를 보냈다. 그리고 또 어떤 날은 닻을 내리고 폭풍이 사라질 때까지 가만히 기다려야 할 것 같은 날이 오기도 한다. 그런 날은 쇼파에 누워 휴식을 취하거나 잠을 자거나 다른 사람들한테 도움을 요청하기도 하면서 몸이 괜찮아 질 때까지 기다린다.

내가 항해를 통해 배운 가장 소중한 교훈은 암에 걸려 살아가는 건 좋은 날들처럼 나쁜 날들 역시 오고 감의 반복이라는 것이다. 나쁜 시간들과 싸워 이겨내면 결국은 더 많은 교훈들을 얻게 되고 그로 인해 내 자신이 더 성장할 수 있는 계기가 된다. '자유 II' 호를 타고 항해를 하면서 가장 끔찍했던 위기의 순간들이 지금은 가장 자랑스러워 하는 그런 시간들이 되었다. 내게 용기를 일깨워주고 강인함과 생존에 대해 알려 주었으므로….

Dr. Siegel's 한마디

"인생의 항해를 도와 줄 수 있는 사람들을 곁에 두어라"

항해, 암 그리고 인생에서 얻을 수 있는 경험들은 모두 비슷하다. 주인공인 로라가 말하길 나쁜 시간들이 오고 감을 통해 우리에게 오히려 긍정적인 생각을 가질 수 있게 도와준다고 했다. 바다 위에서 생활을 통해 로라는 용기와 자신감을 얻었고 어떤 위기가 닥치더라도 헤쳐나갈 수 있는 능력이 있다는 걸 알았다고 했다. 그녀는 또한 모든 순간들을 여유를 가지고 즐겁게 대하는 법을 배웠다고 했다. 암이라는 폭풍이 그녀 앞에 나타났을 때 인내와 천천히 다가서는 마음으로 가장 고통스러울 수도 있는 기다림의 시간들을 버텨냈다.

인생은 여행이다. 자기 자신에 전적으로 의지하면서 살아가기 위해 열심히 노를 저어 안전한 항구로 가야 하는 여행이다. 때로는 거친 풍랑을 쉽게 지나갈 수 있게 바람과 같이 도움이 되는 것들에 기대기도 한다. 그래서 우리는 모두 바람처럼 우리를 도와줄 수 있는 사람들에 대해 항상 관심을 가지고 살아야 한다.

보트의 이름을 '자유'라고 지은 건 굉장히 중요한 메시지를 담고 있다. 우리 모두는 자신이 어떤 사람이 되고 싶은지 그리고 어떤 삶을 살아가고 싶은지를 꿈꾸고 이룰 수 있는 자유를 가지고 있다. 두려움 때문에 삶의 소중한 경험들을 놓치지 말아야 한다.

로라가 그랬던 것처럼 새로운 것을 시도해 볼 수 있는 기회를 과감히 껴안아라. 로라가 말하길 나쁜 시간들도 오고 간다고 했는데 암에 걸리면 나쁜 날들만 있을 것같지만 그만큼 좋은 시간도 있으니 찾으려고 노력을 해야한다. 나쁜 시간들을 싸워 이겨내면 그만큼 교훈을 얻게되고 성숙해진다. 인생이라는 바다에서 항해를 하는 건 분명 어려운 일이다. 하지만 인생이라는 배의 선장이 되어 운명을 개척해 나가야 한다. 한손에는 삶의 나침반을 들고 배가 어디로 가야할지를 정하면서 살아야 한다.

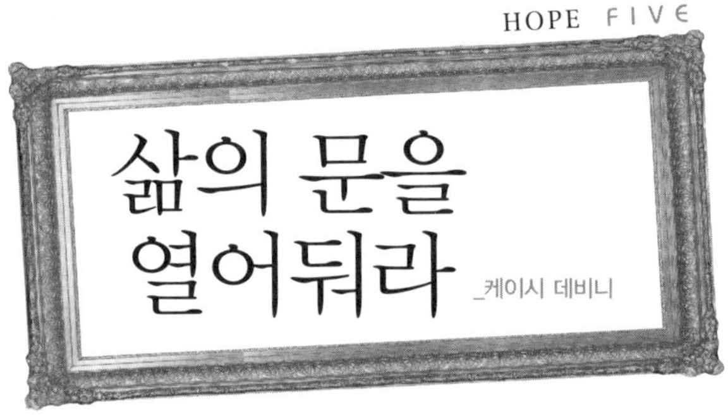

구토방지약의 효능이 좋아진 덕분에 건강한 모습으로 일상 생활을 하게 되었다. 유방암 치료를 받고 난 다음에도 나는 파트 타임으로 일을 하는데도 무리가 없었고 정원 손질과 같은 힘든 일도 거뜬히 할 수 있었다. 그리고 무엇보다 "새 생명"을 얻었다고 자부할 수 있게 되었다. 스트레스와 긴장과 발버둥이 종양이 자라날 수 있는 좋은 먹이감이라는 사실을 알고 난 다음부터 반대로 종양이 싫어하는 일만 골라서 하기로 했다. 활기찬 생활, 운동, 햇볕, 기쁨 그리고 평온함 등이 그것이다. 항암 치료를 단순히 몸을 낫기 위한 것이라 생각하지 않고 내 정신도 더 좋게 만드는 치료라고 생각을 했다.

내가 암 선고를 받고 난 후 처음에는 배신감으로 무척 힘들었었다. 밤마다 전쟁터에서 폭탄 세례를 받거나 지뢰밭을 걸어가는 악몽을 꾸었다. 그리고 종양이 가슴 밖으로 터져나오면서 용암처럼 온몸으로 흘러내리는 상상을 하기도 했다.

하지만 새 생명을 가지기 위한 첫 번째 단계로 내 몸을 아끼고 돌보는 일부터 실행에 옮기기로 마음 먹었다. 전부터 관심이 있었던 요가를 배우는 것부터 시작하기로 했다. 암에 걸린 사람들을 위해 무료로 운영되고 있던 시애틀 요가 센터에 등록을 하러 갔는데, 그곳은 암치료를 받고 있거나 받았던 사람 모두가 무료로 이용할 수 있는 곳이었고 집에서 가까운 거리에 있었다. 떨리는 마음으로 들어가자 거긴 모두 생면부지의 사람들만 있었고 그 사람들끼리는 무척 친해보였다. 전에 요가를 해본 적은 있지만 그 때와 지금은 모든 사정이 180도 달라져 있었기 때문에 아무리 쉬운 자세라도 내게는 모두 어려워 보였다.

25년 전에 처음으로 요가를 배울 때 몸이 전혀 구부려지지도 않고 억지로 하다보니 현기증이 많이 났던 기억이 떠올랐다. 연꽃 자세를 취하고 손이 발 끝에 닿지 않아 애를 먹었던 게 엊그제 같았다. 이제 51살이 된 나는 항암 치료 수술 후유증으로 오른 쪽 팔과 어깨를 제대로 움직이지 못한다.

거기에 있던 사람들 모두 나를 따뜻하게 반겨주었다. 모두 열 명의 수강생이 있었는데 나이는 30대부터 60대 후반까지 사람들로 보였다. 모두 암 환자들이었기 때문에 서로 다양한 치료를 받고 있던 사람들이었고, 회복단계에 있는 사람도 있었고 머리는 대부분이 빠져있었다.

수업은 바닥에 매트나 담요, 덧베개 등을 깔고 그 위에 등을 눕힌 채 진행되었다. 선생님은 마지막에 산스크리트어 고대 인도의 엘리트 계층에서 사용되던 언어로 범어(梵語)라고 하기도 한다로 사바사나 savasana - 마무리 동작으로 완전 휴식 자세인 '송장자세' 에 대해 설명을 해주었다.

나는 개인적으로 천국의 자세라고 불렀다. 매트리스 위에서 편하게 이 자세를 취하고 있음 금방이라도 잠이 올 것만 같았다. 사바사나 자세 때문에 내 몸은 바닥에 편하게 누워 쉬는 걸 무척 좋아한다는 사실을 알게 되었다. 온 몸을 바닥에 편하게 눕힌 채 손바닥을 하늘 방향으로 돌려 놓으면 되는 이 자세는 우주와 하나가 되는 것이라 했다.

사바사나 자세를 배우고 난 후 다리를 포개고 앉는 다양한 방법들을 배웠고 그 방법을 통해 그 때마다 기분이 어떤지 그리고 우리가 받은 치료들이 육체적으로, 감정적으로 어떻게 영향을 주고 있는지 등에 대해 명상을 했다. 우리의 몸은 이완과 수축, 휴식을 필요로 한다는 것을 알게 되었다. 걱정을 덜어내는 일은 몸이 아닌 정신이 해야 할 일이며 그렇게 해서 정신이 맑아지면 반대로 몸이 좋아질 수 있도록 정신이 앞장선다고 했다.

다음으로 선생님은 다양한 요가 자세를 가르쳐 주었다. 그리고 각자의 수준에 맞게끔 어떻게 적용시켜야 하는지도 알려줬다. 수강생들 중 몇몇은 신체적인 한계가 있었다. 림프부종으로 팔과 다리가 마음대로 움직일 수 없는 사람들도 있었고 수술 때문에 가슴이나 배, 목이 불편한 사람도 있었다. 그래서 일부 자세는 의자를 이용하거나 등받이, 베개, 벨트의 도움을 받아야만 했다.

내가 좋아하는 자세 중 하나는 베개를 등에 대고 누워 가슴 부위가 다른 몸 부분보다 더 높게 올라가게 만드는 자세였다. 또 가만히 서서 팔을 등 뒤로 뻗어 깍지를 낀 다음에 가슴을 앞으로 내미는 자세를 좋아했다. 나이가 먹으면서 저절로 등이 구부려지는 걸 다시 펼 수 있었다.

수업 중 나는 선생님에게 언제쯤 연꽃 자세를 배우게 되는지 물어봤다. 그러자 선생님은 나를 뚫어지게 쳐다보면서 "케이시, 아직 넘어야 할 산이 많아요. 즉, 가야할 길이 아직 멀다라는 거죠."라고 말했다. 선생님이 나를 나무라는 것으로 받아들여지지는 않았다. 왜냐하면 초보자는 원래 궁금한게 많을 수 밖에 없기 때문에 궁금한게 있으면 언제든지 물어보라고 했기 때문이다. 선생님의 말을 들으면서 언젠가는 배우게 될 날이 올 것이라는 뜻으로 나름대로 해석했다. 새로운 생명을 얻는 계기가 되길 바라면서 시작한 요가 때문에 한동안은 몸이 조금 뻐근하기도 했다.

항암 치료가 거의 다 끝나갈 무렵까지도 내가 앞으로 배워야 할 요가 자세들이 아직도 한참 남아있었다. 수강생들은 각자 자기 몸에 맞게 응용을 해서 수련을 해 나갔다. 나는 그나마 다리의 근력이 남아 있었기 때문에 등과 발바닥을 바닥에 대고 엉덩이를 위로 올리는 복부 올리기 자세를 어느 정도는 할 수 있었는데 이 자세 또한 좋아하게 됐다. 복부 운동이 되는 그 요가 자세는 특히 내 몸을 이쁘게 만들어 갈 수 있어 더 좋아했다. 그날 배운 자세를 얼마나 잘 소화해냈는지 상관없이 수업이 끝나고 나면 모두 뿌듯한 마음으로 집으로 돌아갔다.

내가 또 좋아하는 자세는 산 자세였다. 우리가 어렸을 때 "똑바로 서서 손 올리고 있어."라고 혼나면서 벌 받던 그 자세이다. 차츰차츰 산크리스트어를 쓰는게 더 편해지고, 익숙해지기도 했다. 그래서 수강생 모두 송장자세라는 말보다는 사바사나라고 부르는 걸 좋아했다.

요가를 하면서 의식처럼 행했던 것 중 하나는 '나마스테' 산스크리트어로 '당신 앞에 절을 합니다' 라는 뜻으로 존경의 표시 라는 인사말을 사용하는 것이었다. 영화에서 종종 보곤 했던 그 인사말과 가슴에 손을 모으고 상대에게 인사를 하는 그 모습을 볼 때마다 저게 무슨 뜻일까 궁금했었는데 이제야 알게 되었다. 당신을 마음 속 깊이 존경한다는 뜻이었다. 다른 반에 있는 수강생들이라도 서로 마주칠 때면 나마스테라고 외치며 허리를 수그려 공손히 인사를 했고 복도에서 큰소리로 외치기도 했다.

요가를 배우기 시작한지 9개월 째 선생님이 갑자기 다른 곳으로 가게 됐다며 작별을 고했다. 그리고 다른 선생님이 우리를 가르치기 시작했다. 새로온 선생님도 전에 계시던 분처럼 우리들을 잘 가르칠 수 있을까 걱정을 했지만 유머있게 우리가 가지고 있는 신체적인 한계에 맞게 쉽게 할 수 있는 방법 위주로 알려줬다. 수강생들 모두 새로온 선생님의 인자함과 유머, 친절함에 쉽게 친해졌다.

새로온 선생님이 오고 난 후 요가 시간을 좀 더 늘려보자는 의견들이 나왔다. 우리들 중 대부분은 아직까지 호흡법, 스트레칭이나 조금 힘이 들어가는 자세 등을 제대로 하지 못한다고 초조해 하고 있었다. 나도 요즘 활자세가 제대로 되지 않아 애를 먹고 있었고 거기다가 얼마전에 받은 검사 결과 때문에 더 초조해져만 가고 있었다. 편안한 기분이라고는 눈을 씻고 찾아봐도 보이지 않았다. 선생님은 우리에게 더 많은 집중력과 하고자 하는 열망이 무엇보다 더 필요하다고 얘기를 했다.

어느날 나도 모르게 "나 오늘 안좋은 소식이 하나 있는데 내 담당 의사가 다른 병원으로 옮겼어."라고 말을 했다. 그 순간 내 옆에 있던 누군가 "나도 오늘 기분이 별로 안좋아. 언니가 너무 보고 싶어."라고 나지막한 소리로 말을 했다. 모두들 그 말을 이해한다는 듯이 하나 둘씩 울기 시작했고 어느새 요가 수련시간은 눈물 바다가 되었다.

선생님은 우리가 사바사나 자세를 취하고 있는 동안 호흡을 어떻게 해야 하는지 다시 한번 설명해 주었고 자신의 마음과 대화하는 법 그리고 조용히 명상하면서 자신의 몸이나 감정에 어떤 변화가 있는지를 인식하는 것 등에 대해 알려주었다. 자신의 감정과 육체와 정신을 스스로가 다스릴 수 있어야 한다는 말이었다. 우리는 선생님의 이야기를 들으며 아기처럼 매트 위에 누워 잠이 들기도 했다. 사바사나 자세는 우리를 아주 편안하게 만들면서 때로는 잠이 들게 만들기도 했다.

나는 요가 수련을 통해 배운 자세들을 실생활에서도 많이 써먹는다. 슬픈 일이 생기거나, 피곤하거나, 긴장되거나 할 때마다 수업 시간에 배웠던 자세들을 취하며 내 스스로를 다스린다. 너무 힘들고 어려워서 웃고 싶어도 웃음이 나오지 않을 때는 정신을 가다듬고 크게 심호흡을 하고나면 힘이 생긴다.

이제 나는 내 몸과 하나가 되었다. 요가 자세와 호흡을 통해 내 몸 구석구석과 인사를 나누다 보면 어느새 내 몸이 커져서 나쁜 것들을 몰아내고 활짝 웃음 짓고 있는 걸 볼 수 있다. 며칠 전에는 사바사나 자세를 취하고 있으니까 종양이 생겨 애를 먹였던 가슴 부위가 가벼워지는 기분을 느꼈다.

Dr. Siegel's 한마디

"완치된 사람처럼 행동해라."

아주 오래 전에 출간된 책들 중에서 암치료법에 대한 내용을 담고 있는 책들을 보면 심리적인 요인에 대해 아주 상세히 기술되어 있는 것을 볼 수 있다. 암이 걸리는 이유를 설명하면서 성장과정의 문제점을 얘기하기도 했다. 부모들한테 사랑을 못받고 자랐거나, 자식이 없거나, 은퇴를 앞두고 있거나 하는 요인들이 통계적으로 암 발생과 아주 밀접한 관계가 있다고 기술하고 있다. 지금은 의학 기술의 발달 때문에 이런 요인들이 크게 다뤄지고 있지는 않다. 필자는 암 환자들을 치료할 때 의학 기술도 중요하다고 생각하지만 그에 못지않게 심리적인 요인들도 무시해서는 안된다고 생각한다.

그래서 필자는 케이시가 삶에 적극적으로 뛰어들어 스트레스와 긴장을 멀리하려고 했다는 말에 전적으로 동감을 한다. 주인공 케이시가 뭔가 새로운 일을 해보려고 마음먹은 순간은 완치된 사람처럼 행동을 했다는 것을 뜻한다. 필자는 우리의 생각과 자세가 몸 안에서 화학반응을 일으킨다고 믿기 때문에 그녀의 말과 행동이 많은 도움이 되었다고 생각한다.

케이시는 또한 한 때 자신의 몸에 대해 심한 배신감을 느꼈다고 했는데 몸뚱아리 혼자 독단적으로 모든 걸 결정하지는 못한다. 내 자신이 그렇게 하는 것이다. 몸은 단순히 유전자들이 받은 메시지를 표출할 뿐이다. 케이시가 무엇을 하기로 결정했다는 지극히 단순해보이는 사실이 결국은 해결책이고 열쇠이다. 적극적으로 인생을 즐겁게 살아가려고 하면 몸은 그에따라 좋아질 수 밖에 없다.

케이시가 두려움과 걱정 때문에 요가를 배우러 가지 않았다면 실패자가 되었을 것이다. 병에서 완치되지 않았다고 해서 그 사람을 실패자로 판단하면 안된다. 자신의 인생에 얼마나 능동적이고 적극적으로 다가섰느냐가 중요하다. 케이시는 암에 걸리고 처음에는 악몽에 시달렸다고 했다. 그것은 그녀가 또 다른 기회가 될 수 있다는 사실과 몸을 사랑하는 계기로 삼아야 한다는 것을 인식하지 못했기 때문에 두려움만 앞서서 그랬던 것이다.

우리는 자신의 몸을 더 많이 사랑하고 더 많이 존중해 주어야 한다. 그래야만 더 오래 살아갈 수 있게 된다. 몸은 일생동안 우리가 머물러야 할 집과 같기 때문에 수리할 필요가 있으면 바로바로 돌보며 관리를 해줘야만 한다.

요가 수업시간에 케이시는 정신 세계에 더 깊이 들어가는 법을 배우기 시작했다. 필자는 우리 모두 이렇게 해야 한다고 생각한다. 물론 하던 일을 모두 멈추고 조용히 앉아 오랫동안 마음의 소리에 집중해야 하는건 생각보다 무척 어렵다. 마음이 심란하고 정신이 없을 때

일수록 마음과 몸을 추스르고 집중해서 내 안에서 들리는 소리를 들어야 한다. 그러면 자신에게 필요한게 무엇인지 볼 수 있고 초자연적인 힘이 알려주는 지혜를 얻을 수 있게 된다. 자신에 대해 깊이 알고 우주가 알려주는 지혜와 정신 세계를 알게 되면 불가능해 보이는 일들도 가능해진다.

여러 사람이 모인 그룹에 함께 하는건 많은 힘이 된다. 모인 사람들이 문제가 많다고 해도 그들의 문제를 모두 풀어주려고 애쓰지 말아야 한다. 자신의 문제는 자신이 제일 잘 알고 있기 때문이다. 눈물을 흘리는 일도 좋다. 누군가 슬퍼서 울고 있을 때 "다 잘될거니까 걱정하지말고 그만 울어!"라고 말하는 것보다 조용히 손수건을 건네는 게 더 좋을 수 있다.

케이시는 요가를 통해 나마스테라는 인사법을 알게 되었다. 우리 모두는 내 자신에게 나마스테라고 인사를 해야 한다. 과거 일 때문에 자기 자신을 책망하고 죄책감과 수치와 비난을 하기보다 자기 자신을 존경하고 존중하는 뜻으로 그렇게 인사를 해야 한다. 케이시는 호흡법에 대해서도 얘기했다. 여러분도 숨을 쉴 때 조금만 주의를 기울인다면 마음이 맑아지면서 두려움이 사라지는 것을 느낄 수 있다. 그리고 그 순간 살아 있다는 것을 느낄 수 있을 것이다.

여러분도 요가 자세를 배워 실생활에서 한다면 살아가는 데 많은 도움이 될 것이고 두려움을 떨쳐내는데도 도움이 될 것이다. 친구와 가족과 응원을 해주는 많은 사람들과 여러분의 몸이 하나의 팀이 되어야 한다. 그 팀에게는 공동의 목표가 있기 때문에 서로 힘을 합쳐 열심히 목표를 향해 달려갈 것이다. 그 목표는 바로 여러분의 완치이다.

레몬 파이

_패젯 타멘_

암! 31살인 내가 암 선고를 받았다. 의사의 말이 어떤 의미인지 충분히 알아 들을 수 있는 나이다. 하지만 "아직은 안되!"라고 강하게 몸서리를 칠만큼 젊은 나이이기도 했다. 거기다 난 임신 중이었기 때문에 더 그 사실을 믿고 싶지 않았다. 의사는 항암 치료를 받아야 하니까 임신 중절을 해야 한다고 했다. 모든게 무너져 내리는 것만 같았다. 나는 속으로 내 아이는 어떤 일이 있어도 지켜야 한다고 굳게 다짐했다. 죽음은 두렵지 않았지만 내가 이 세상을 살아가면서 가장 크게 해보고 싶었던 일을 하지 못하게 된다는 사실이 더 받아들이기 힘들었다.

그래서 결정했다. 아이가 태어날 때까지 참고 기다리기로…. 앞으로 어떤 일이 벌어질지 기다리면서 지켜보기로 했다. 암에 걸렸다는 걸 비밀로 하면 겉으로는 보통의 임산부들처럼 보이겠지 하지만 나는 암이라는 몹쓸 병에 걸려 살아가면서도 사랑하는 아이를 잃고 싶어하지 않는 그런 모습으로 살아야 한다. 항암 치료를 받기 위해 아이를 포기하거나 아니면 아이를 낳기 위해 항암 치료를 포기하거나 둘 중 어느 걸 택해도 난 인생의 실패자이다.

나는 이쁘고 건강한 아이가 세상에 태어나면 그 때부터 치료를 받으리라 생각했다. 그래서 내 안에서 새 생명이 자라나는 것을 느끼며 지내기로 했다. 암에 걸렸다고 들은게 꿈일거야라고 생각해보기도 했지만 꿈이 아닌 현실이었다.

암 선고를 받고 8개월이 지났다. 그 사이 태어난 딸아이의 요람을 정리하고 있는데 전화벨이 요란하게 울렸다. 담당 의사의 전화였다. "암이 더 악화되고 있어요. 살고 싶으면 지금이라도 당장 자궁 절제 수술을 해야 합니다." 옆에 있던 갓난아이 딸이 직감적으로 뭔가 안좋은 일이 있다는 걸 알았는지 갑자기 토하기 시작했다.

나는 원래부터 낙천적인 성격이었지만 지금 이 순간은 아무리 좋게 생각하려 해도 어두운 먹구름이 내 주위를 감싸고 있는 걸 떨쳐버릴 수 없었다. 남편과 난 아이를 셋 낳자고 계획했는데 특히 난 아들이 생겼음하고 바랬다. 딸만 많은 집안에서 자라났기 때문에 남자 아이를 가지는 게 소원이었는데 자궁을 절제해야 한다니 그건 내 꿈이 산산조각나는 걸 의미했다.

새로 태어난 아이를 돌보느라 몸이 많이 지쳐서 그 사이 암 세포가 더 커졌다. 병원으로 가봐야만 했다. 지독히도 꼬여만 가는 내 인생은 이제 더 이상 앞날이 보이지 않았다. 의사와 엄마 그리고 남편이 함께 했다. 지금 생각해보면 그 때 내 옆에서 나를 걱정해주는 사람들이 함께 있었다는 게 그나마 다행이었던 것 같다. 나 혼자는 아무것도 할 수 없었지만 거기에 있었던 사람들이 내가 어떻게 해야 할지 길을 알려줬다.

의사가 수술 절차에 대해 설명을 하고 마지막으로 궁금한게 있냐고 내게 물어왔다.

나는 고개를 끄덕거리며 "네, 저희는 아이를 더 가지고 싶은데 다른 방법이 없나요?"라고 물어봤다. 나는 "죄송합니다." 혹은 "아이를 입양하는 걸 생각해 보시죠."라는 대답을 듣겠지 싶었는데 뜻밖에 의사는 고개를 끄덕거리며 전혀 예상치 못했던 말을 했다.

"자궁을 절제하는 수술이긴 하지만 난소에는 아무런 문제 없이 수술을 할겁니다. 그러니까 차후에 체외 수정을 하고 대리모를 구할 수만 있다면 충분히 아이를 가질 수 있습니다."

"가능하다고?" 수술실에 누워 눈을 감고 속으로 그 말을 계속 되내였다. 내가 받았던 선물 중에 가장 값진 선물이었다. 그 날 수술이 잘 끝나서 기뻤던 것보다 너무 큰 희망의 선물을 받았다는게 더 기뻤다.

나는 지금까지 진짜 죽음을 걱정해본 적이 없었다. 하지만 암이 다시 재발되면 어쩌나라는 걱정은 항상 나를 두렵게 만들었다. 그리고 엄마가

된 지금, 이제는 죽음의 의미를 다시 한 번 생각해봐야 할 때인 것 같다. 가끔가다 남편과 딸아이가 나 없이도 잘 살아가는 상상을 하곤 한다. 공원에서 남편이 딸아이가 탄 그네를 밀어주는 그림을 떠올려 보곤 했다. 하지만 이제는 딸아이에게 동생이 생길 수 있고 그로 인해 우리 가족 모두 더 행복하게 살 수 있다는 희망을 가지게 되었다. 이제는 남편과 딸과 앞으로 태어날 아이 그렇게 셋이 함께 웃고, 함께 웃는 모습을 그려본다. 그리고 나 대신 다른 사람이 아니라 내가 그들 옆에서 함께 할 것이다.

어쩌면 순전히 내 개인적인 욕심 즉, 아들을 원하는 그런 이기적인 생각이 더 큰지도 모른다. 하지만 내 안에 있는 그 무엇이 새로운 가족을 더 많이 원했는지도 모른다. 이제야 그 무엇이 바로 사랑이란 걸 깨달았다. 그리고 그 사랑이 내게 목표를 안겨줬다.

"인생은 내게 레몬 하나를 주었고 나는 그걸 가지고 레몬 파이를 만들 거야."라고 생각했다.

2년 후 대리모가 성공적으로 임신을 했다는 소식을 듣고 우리는 뛸 듯이 기뻐했다. 아들을 가지고 싶다는 나의 오랜 꿈이 드디어 이루어졌다. 초음파 검사를 할 때 나는 얼핏 대리모의 얼굴을 볼 수 있었다. 그녀의 몸 안에 나의 미래가 들어있었다. 그 순간 대리모가 나를 향해 미소를 지었다. 나는 그녀의 부드러운 미소를 보면서 그동안 나를 덮고 있던 모든 먹구름이 사라지는 것을 느꼈다. 아들이라는 선물만 받은 게 아니고 동시에 나는 소중한 친구를 한명 얻었다. 그녀의 사랑이 내게로 전달됐기 때문이다.

아들이 세상에 태어났을 때 나는 말로 형용할 수 없는 감정에 사로잡
혔다. 3년 전 수술을 받고 났을 때처럼 병원 사람들 모두 나를 축하해 주
었고 함께 기뻐했다. 나는 대리모의 손을 꼭 잡은채 그녀 곁에서 고맙다
는 말로 감사의 뜻을 전했다.

보통은 아버지들이 탯줄을 자르지만 나는 내가 직접 아이의 탯줄을
잘랐다. 은색 병원 가위를 손에 쥐었을 때 내 손은 무척이나 떨렸다. 그리
고 아이를 품에 안았을 때 나는 암이 내 인생을 좋게 바꾸어 놓았다는 생
각이 들었다. 믿음과 희망 그리고 나를 도와준 많은 사람들 특히 나와 남
편이 새로운 생명을 안아볼 수 있게 해준 대리모가 있었기에 난 내 인생
의 레몬 파이를 만들 수 있게 되었다. 나 혼자 할 수 있는 일보다 여러 사
람의 도움을 받아야만 가능한 일이 많다. 여러분에게 그런 사람들이 없다
면 아무것도 할 수 없을 것이다.

그렇다. '내가' 아닌 '우리가' 레몬 파이를 만들어 가는 것이다.

Dr. Siegel's 한마디

"인생이 주는 레몬을 받아들고 레몬 파이를 만들어라."

죽음을 겁내하지 않는 사람들이 많긴 하지만 그런 사람들도 더 이
상 살지 못하면 어쩌나 혹은 꿈을 이루지 못하면 어쩌나라는 두려움
은 가지고 있다. 임신기간동안 암에 걸린 걸 알게 되었을 때 주인공

패젯은 암 때문에 그녀가 진실로 원하는 일을 이루기 위해 멈추지 않고 밀고 나갔다. 비록 암이 그녀에게 직접 아이를 낳는 능력을 빼앗아 가긴 했지만 대리모를 통한 출산을 할 수 있는 기회까지 빼앗아 가지는 못했다. 엄마가 되고 싶다는 그녀의 간절한 바램은 우정과 사랑의 의미를 일깨워주기도 했다.

완치된 사람들은 대게 자신들이 필요한 것을 그때그때 얘기한다. 속마음을 숨기지도 않고 누구에게나 필요한게 있으면 도움을 요청한다. 패젯은 자신이 염려했던 부분의 확실한 대답을 듣고 싶어서 의사에게 질문을 했고 그로인해 난소는 아무런 문제가 없기 때문에 아이를 더 가질 수 있다는 사실을 알게된다. 그리고 사랑하는 사람들 모두와 함께 그 기쁨을 나누고 그들 또한 사랑으로 그녀를 돌봐준다. 필자에게 소망이 하나 있다면 여러분 모두 사랑으로 다른 사람을 위해 살아가는 사람이 될 수 있도록 자녀 교육을 했으면 하는 바램이다.

여러분 모두 무엇이 그녀에게 힘을 주었고 경이롭게 보이기까지 만들었는지 알았을 것이다. 그건 바로 희망이다. 필자는 한 때 부질없는 희망을 주는건 옳지 못하다고 말한 적이 있었다. 하지만 부질없는 희망이라는 건 없다. 희망은 희망 그 자체이며 살아가기 위해 꼭 필요한 것이다. 허위적인 기대와 가짜 믿음은 있을 수 있다.

하지만 희망은 진짜만이 존재한다. 희망은 완치된 사람들에게서 모두 나타나는 공통점이고 의지이다. 인생은 끝과 시작이 반복이다. 마치 레몬이 레몬 파이로 만들어지듯이 레몬 파이가 만들어지는 그런 작은 기적을 만들어보자.

_앤 스테판

모든 사람들은 언제가는 죽게 된다는 것을 알고 있다. 특히 암 환자들은 누구보다 그 사실을 더 잘 알고 있다. 사람들은 자신이 죽는 날짜를 알게된다면 그 다음부터 어떻게 살아갈까?

나는 병원 진찰실에서 엉엉 울고 있었다. 모든 게 너무 급작스럽게 일어났다. 두달 전에 다른 50대의 사람들처럼 일반적인 정기 건강검진을 받으러 병원을 찾았고 대장조영술을 받았다. 검사 결과 암이 발견되었다. 암 세포와 결장 일부를 제거해 내는 수술을 받아야만 했다. 그리고 오늘 화학요법 치료에 대해 설명을 듣기 위해 병원을 다시 찾았다. 앞으로 어떻게 진행되고 어떤 영향들이 있을지에 대해 설명하는 의사 선생님의 말에 나는 터져나오는 울음을 멈출 수가 없었다.

　의사 선생님은 이렇게 환자들이 자기 앞에서 우는 모습을 여러번 봤겠지 어쩌면 몸의 병보다 마음을 굳게 먹는게 더 중요하다고 알고 있을지도 모른다. 의자에서 일어나 울고있는 내 앞으로 오더니 내 손을 꽉 잡았다. 아무 일 없을테니 너무 걱정하지 말라는 안도감을 주는 표시같았다.

　25년 전 기억이 순간 떠올랐다. 그 때 난 암환자였던 엄마의 손을 지금처럼 꼭 쥐고 있었다. 그 후로 내가 만약 암에 걸린다면 엄마처럼 유방암에 걸릴 확률이 많을 것이라고 생각하며 지내왔다. 그리고 의사 선생님은 엄마의 가슴을 절제해야 한다고 말을 했다. 그말을 듣자 엄마는 순간적으로 암에 걸렸다는 것보다 가슴을 도려내야 한다는 사실을 더 걱정스러워 했다.

　수술을 받던 날 난 엄마 곁을 지키고 있었다. 수술실로 들어가기 전 엄마는 내 손을 꼭 잡으며 "앤, 내 소원은 니가 빨리 결혼해서 곁에서 서로 보살펴주고, 위해주는 사람과 함께 살았으면 하는거야." 라고 말했다. 약혼식을 올린지 한참이 됐는데도 아직까지 아무런 결혼 계획이 없어 보이는 내가 걱정이 돼 보였을게다. 나는 아무 말도 하지 않고 엄마의 손을 더 꽉 잡았다.

　엄마가 수술을 받는 동안 난 밖에서 기도를 하며 기다리고 있었다. "만약 엄마 수술이 잘 끝나고 암에서 완전히 낫게 되면 그 때는 꼭 결혼할테니 부디 엄마를 살려주세요."

몇시간이 흘렀을까? 마침내 수술이 끝나고 의사 선생님이 나왔다. "수술은 잘 끝났습니다. 생체검사법 결과 양성반응이 나오긴 했지만 너무 걱정하지 않아도 됩니다. 의심되는 부분은 모두 제거했고 어머니도 곧 괜찮아지실 겁니다."

신이 내 기도를 들어주셨나? 그럼 난?

그 후 의사 선생님의 말처럼 엄마는 아무 문제없이 잘 지내셨다. 그리고 나는 신과 거래아닌 거래를 했던 내 약속을 지키기 위해 결혼을 했다. 나는 남편을 사랑한다. 하지만 내가 결혼을 결심했던 이유 때문에 항상 미안한 마음을 가지고 살고 있다. 두 번 다시는 엄마의 건강을 놓고 신과 거래하는 일같은 건 하고 싶지 않았다.

순간적으로 떠올랐던 엄마의 기억이 이내 사라지고 다시 정신을 차리고 보니 흐르는 눈물 사이로 남편의 얼굴이 보였다. 남편의 표정이 지금 무엇을 말하고 있는지 너무나 잘 안다. 나를 걱정하고 위로해 주려고 하는 저 모습, 예전에 내가 엄마한테 보였던 그 표정이었다. 나와 함께 병원에 와준 남편 덕분에 내가 우느라 미쳐 듣지 못했던 의사 선생님의 말을 남편이 모두 듣고 있었다. 나는 유방암이 아니라 대장암이다. 모두 거짓이라 믿고 싶었지만 엄연한 현실이었다. 나는 언제나 강한 여자였지만 이제는 누군가 나를 보다듬어주고 안심시켜줘야 하는 사람이 되었다.

"왜 내게 이런 시련을 주시나요? 왜 내가 암에 걸려야 하는건가요?"라고 신게 물었다. 엄마 건강문제로 신과 거래를 했다는게 결국은 벌을 받는 것인가? 그래도 나는 착하고 올바르게 살아왔다. 혹시 지금도 그때처럼 신과 거래를 하면 괜찮아질까? 그런데 아무리 생각해도 내걸만한 조건이 생각 나지 않았다.

그런 생각을 하고 있으니까 눈물이 더 흘러내렸다. 나는 문득 "왜 이런건지 알 필요가 없는건 아닐까? 무슨 일이 생기든 용기와 힘만 있으면 헤쳐나갈 수 있는거 아닌가?"라는 내 자신의 목소리를 들었다. 그러면서 예전에 엄마가 수술실로 들어가기 전에 어땠었는지 떠올랐다. 그 때 엄마는 당신이 수술을 받으러 가는게 걱정되는게 아니라 내가 결혼을 빨리 했으면 좋겠다고 했다. 엄마가 아니어도 옆에서 나를 돌봐줄 누군가가 있었으면 좋겠다고 생각했었다. 수술 후 병실에서도 엄마는 몸이 엉망이 되었다는 생각보다 암에서 완치되면 어떻게 살지를 생각했다. 엄마는 무척 강한 분이셨다. 인간의 운명은 우리가 어떻게 할 수 없는 신의 영역이라 생각했다.

나는 의사 선생님과 남편을 바라 보았다. 남편의 표정은 마치 의사처럼 "당신을 낫게 해줄테니 너무 걱정말아요."라고 말하는 것 같았다. 그리고 옆에 있던 의사 선생님의 표정에서 상냥함과 전문가다운 모습과 이해심을 봤다. 그 두 사람의 표정을 보면서 내게 큰 힘을 주고 있구나라는 것을 느낄 수 있었다.

누군가의 생명에 대해 그리고 화학요법 치료로 인해 생기게 될 일들에 대해 말해야 하는 순간은 무척 힘들 것이다. 하물며 다른 사람을 정신적으로 위로해 준다는 일은 더 힘든 일이다. 하지만 여기 있는 의사 선생님은 내 손을 꼭 잡으며 그것의 소중함을 일깨워줬다. 분명 이 의사 선생님은 내가 잘 모르는 그런 사람이었지만 어느새 내 안에 들어와 있었다.

6개월 동안 화학요법 치료를 받고 1년이 지난 후에 검사를 받았지만 암은 남아있지 않았다. 지금도 가끔가다 "왜 하필 나야?"라는 감정이 들기도 하지만 가족과 친구들과 의사 선생님이 보여준 사랑과 격려에 대해 감사를 하며 지낸다. 그리고 암과 같은 큰 시련도 이겨낼 수 있는 기회를 주신 신께도 감사드린다.

오늘은 그 의사 선생님께 정기적인 진찰을 받는 날이다. 내 순서를 기다리고 있는데 예약 스케줄이 뭐가 잘못됐는지 한 남자가 급히 뛰어오며 자신은 암 말기 환자인데 오늘 꼭 의사 선생님을 만나야 한다고 접수대 앞에서 사정을 하고 있는게 보였다.

"저는 괜찮으니까 제가 예약해 놓은 시간에 저 대신 들어가세요."라고 말하고 그 사람과 대기실에 앉아 이런저런 얘기를 나누었다. 그리고 같은 병에 걸렸다는 공통분모 때문인지 금방 친해졌다. 간호사가 그의 이름을 부르자 일어나 진찰실로 들어갔다. 그의 모습을 보면서 나는 생각했다.

"살면서 암 뿐만 아니라 어떤 힘든 일에 맞닥뜨렸을 때 누군가의 친절한 도움을 받았다면 그건 아마 삶에 대한 좋은 기억을 만들어 주기 위해 신이 내려준 선물일 것이다."

"결국 우리 모두는 죽게 되어있다. 그렇기 때문에 죽음을 피하려고 발버둥칠 시간에 살아가기 위한 노력을 하는게 낫다."

주인공 앤이 처음에 항암 치료에 대한 애기들을 들으며 당황했다고 했는데 그럴 때는 의사들에게 궁금한 점을 모두 물어보거나 주위에 믿을 만한 사람들로부터 조언을 얻는게 좋다. 암에 걸렸을 때 아무 것도 필요없다고 하면서 절대 도움을 청하지 않는 자세가 가장 안 좋다. 하나라도 더 많은 정보를 얻어서 최종 결정을 내려야 한다. 그래야 완치될 수 있다. 의사한테 궁금한 점을 물어봐야 의사들이 왜 그런 치료방법을 선택했는지 자세히 설명을 해주고 정보를 준다. 하지만 대부분의 환자들은 의사 말에 무조건 복종하면서 아무 것도 물어보지 않는다. 그건 올바른 자세가 아니다.

앤은 운 좋게도 담당 의사가 단순히 손을 잡아주었을 뿐인데도 편안함과 함께 마음이 안정되었다. 이런 작은 행동은 예전에 어머니에게 보여줬던 행동과 연관되어 힘을 불어 넣어줬고 남편이 옆에서 자신을 지켜보고 있다는 것 또한 많은 힘을 주었다. 믿음과 희망과 사랑 그리고 기쁨에는 절대 부작용이 없다는 것을 입증하는 것이다.

앤이 대기실에서 다른 환자에게 베풀었던 친절은 자신이 담당 의사로부터 받았던 그 친절과 배려를 또 다른 누군가에게 똑같이 보여준 것이다. 연민과 동정으로 하는 일은 그 자체만으로도 의미가 있다. 마음에서 우러나와서 하는 행동은 고통받고 있는 사람들에게는 굉장히 큰 힘이 된다.

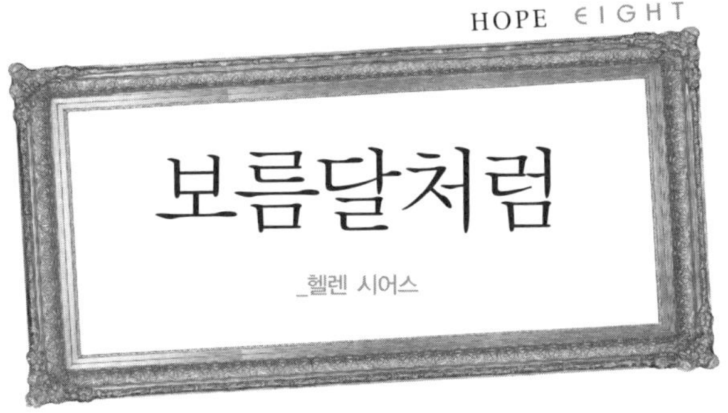

남편이 전립선 암에 걸리지만 않았어도 난 나이들어서 혼자 외롭고 쓸쓸히, 무료한 나날을 보내고 있었을 것이다. 나는 예의바르고 맡은 일은 책임지며 살았지만 때로는 내가 해줄 수 있는 일이 고작 옆에서 말을 들어주는 것 밖에 없는 힘없는 존재이기도 하다. 나는 남편에게도 그런 존재 밖에 되지 못했다.

남편에게서 PSA 전립선 특이 항원 수치가 높다는 결과가 나오기 한 달전부터 나는 남편한테 곧 심각한 문제가 발생할지도 모른다는 예감이 들었었다. 3년 동안의 별거 생활을 끝내고 다시 합치고 싶다고 남편이 연락했을 때 흔쾌히 그러자고 했다. 남편이 집으로 돌아오자 모든 게 제자리를 찾는 듯 보였다. 옆에 누워있는 남편의 체온은 여전히 따듯했고 가슴은

포근했다. 하지만 여전히 그이는 무뚝뚝해서 나와 하루종일 같이 있어도 오고가는 말이라고는 "고마워"와 "잘자"라는 말 뿐이었다. 그런 무뚝뚝함도 그리 오래 가지 않게 되었다.

별거를 시작하기 전까지만 해도 몇 년동안은 영화 속에 나오는 그런 멋진 사랑을 하며 지냈는데, 그 후에는 아무 의미도 없는 사소한 일들로 다투기 시작했다. 예를 들어 토스트 안에 계란 후라이를 넣는게 나은지 아닌지와 같은 일들로…. 남편이 말도 안되는 고집을 부릴 때마다 어리둥절해 하고는 했는데, 오랫동안의 직장 생활이 몸에 베어 그런가보다라고 이해하고 싶었지만 우리의 결혼 생활에는 너무 큰 걸림돌이 되었다.

남편이 회사에서 부당 해고를 당한 후 처음에는 너무 당황스러웠지만 나는 어떻게든 웃으며 지내려고 노력했고 사랑에는 변함이 없기를 바랬다.

남편은 해고를 당하고 난 뒤 처음에는 당황스러워 하면서 쩔쩔매다가 얼마 후부터는 극도로 소심해지더니 나중에는 툭하면 화를 내기 시작했다. 마치 내가 뭘 잘못한 사람처럼 나에게 화를 내는 일이 많아졌다. 처음에는 그럭저럭 집에서 소일거리를 하며 지내는 것에 대해 나름 만족을 했지만 차츰 아내인 내 눈치를 보기 시작하는 자기 자신이 싫어지기 시작했던 모양이다. 마치 내가 건방진 안주인 행세를 한다고 생각했던 것 같았다. 내가 한 일이라고는 요리하고, 청소하고, 빨래를 했던 것 밖에 없었다. 12년 동안 그렇게 남편 뒷바라지를 하면서 그이가 좋아하는 요리를 만들었던 일이 모두 물거품이 되어만 갔다.

그러던 와중에 남편은 내가 어릴적 아픈 기억 때문에 무슨 일이든 무조건 내가 잘못했다고 생각하고 미안하다고 말하는 내 습관에 대해서도 못마땅하게 생각하기 시작했다. 갈수록 남편의 말과 표정은 때로는 면도칼같이 때로는 송곳처럼 나를 아프게 했고 나를 점점 더 궁지로 몰아넣었다. 자신의 절망감을 나한테로 모두 쏟아부었고 결국 결혼 생활은 점점 더 엉망이 되면서 나를 떠날 수 밖에 없는 상황으로 몰아갔다.

서로 떨어져 지내면서 가끔 전화 통화를 하거나 둘 중 한 사람이 서로가 사는 동네에 볼일이 있으면 지나는 길에 잠깐 들르곤 했다. 그 때마다 나는 화가 나거나 슬펐다. 서로에 대한 애정이 차츰 희미해져가고 있다는 사실 때문에…. 별거 기간동안 나는 아담하고 조용한 아파트에서 지냈다. 하지만 너무 조그만 곳이어서 때로는 갑갑하게만 느껴졌다. 그래서 토요일 아침에는 근처 공원으로 산책을 나가 장미가 활짝 핀 화단 옆에 앉아 시간을 보내곤 했다.

전쟁터같이 느껴져 기대할 게 하나도 없었던 집으로 다시 돌아와 남편과 다시 합친 지 2주 후에 나는 남편을 데리고 병원으로 향했다. 대기실에 앉아 남편이 나오기를 기다리고 있던 40분의 시간이 너무나 지루하고 길게만 느껴졌다. 도대체 얼마를 더 기다려야 하는지 답답해 하고 있을 때 남편이 마침내 진찰실 문을 열고 나왔다. 남편 특유의 공손한 자세로 의사와 악수를 하며 인사를 하는 모습이 보였다. 그리고는 내게 몇 장의 서류와 팜플렛을 건네 주었다.

차를 몰고 집으로 가는 내내 남편은 아무 말이 없었다. 집에 도착하자 남편은 언제나 그랬듯이 서재가 있는 2층으로 곧바로 올라갔다. 그리고 나는 부엌으로 들어가 저녁 준비를 하기 시작했다.

무슨 일이 벌어졌을 때 그 문제를 가지고 상의를 하거나 하는 일은 우리 두 사람에게는 전혀 어울리지 않았다. 각자 자기만의 방식대로 일을 풀어나갔다. 나는 접시를 닦고 찬장을 정리했다. 저녁을 먹는 동안 남편이 병원에서 어떤 얘기를 들었는지 먼저 말을 해줄 까 아니면 술을 좀 먹고 나서 얘기를 해줄까 그것도 아니면 잠자리에 들기 전에 얘기를 할까라고 생각을 했다.

내가 저녁 준비를 하고 있는 동안 남편이 부엌으로 들어왔다. 난 남편을 보면서 "저녁 준비 아직 다 안됐는데요."라고 말했다.

"의사가 다음 주 화요일에 수술을 하자고 하네."

나는 깜짝 놀라 남편을 쳐다봤다. 단 한번도 볼 수 없었던 남편의 모습이 내 앞에 있었다. 어떻게 저녁 먹으라고 얘기하지도 않았는데 먼저 내려와서 내게 말을 걸다니⋯. 한동안 멍하니 바라보다가 이내 정신을 차리고는 손에 들려있던 음식을 내려놓고 남편의 손을 잡았다. 무척이나 따뜻하게 느껴졌다. "그럼 앞으로 어떻게 하면 되는데?"라고 물어봤다.

그러자 남편은 의사가 준 서류를 내게 보여주면서 "이걸 당신한테 보여주라고 하던데⋯."라고 말했다. 그리고는 인터넷 좀 하겠다고 말하면서 서재로 다시 돌아갔다.

내가 저녁 준비를 하는 동안 남편은 인터넷을 통해 전립선 암에 걸린 환자들이 올려 놓은 글들을 살펴보고 있었다. 그날 밤 남편과 나는 함께 인터넷에 올려진 수많은 글들을 읽느라 거의 뜬 눈으로 밤을 지샜다. 암이 우리 두 사람을 그렇게 하나로 만들었다.

그 후 남편은 몇 가지 검사를 받았고 다행스럽게도 암 세포가 아직 다른 곳으로 전이되지는 않은 것으로 검사 결과가 나왔다. 남편은 그 검사 결과에 기뻐하면서 그 기념으로 나를 근사한 레스토랑으로 데리고 갔다. 그곳에는 나 모르게 남편이 몰래 준비해놓은 근사한 이벤트가 기다리고 있었다.

다음 날 남편과 함께 병원을 찾았다. 수술 여부를 최종적으로 결정하기로 했던 날이었는데, 담당 의사가 수술없이 방사선만으로 전립선 암을 치료하는 첨단 치료법으로 진행을 하겠다고 말을 했다. 그렇게 되면 수술 후 생길 수 있는 부작용을 원천적으로 차단시킬 수 있다는 말이기도 했다.

남편은 치료를 받기 시작하면서 동공이 풀린 사람처럼 보이기도 하고 살갗이 축 늘어져 보이기도 했다. 그 때마다 나 역시 괴롭고 마음이 아팠지만 남편과 함께 있을 때만큼은 최대한 즐겁고 명랑하게 보이려고 노력을 했다. 식탁 위에는 매일 뒷 마당에 있는 화단에서 꽃을 꺽어와 올려놓았다.

우리 부부는 더 이상 서로에게 상처를 주거나 멀리하지 않게 되었다. 서로에게 공동의 적이 나타난 다음부터 서로에게 더 각별한 사이가 되었다. 나는 봄맞이 대청소를 하듯이 모든 옷장과 서랍, 벽까지 말끔하게 쓸고 닦았다. 혹시라도 남편에게 나쁜 병균이 옮을까 걱정하면서 하지만 내가 아무리 노력한다 해도 고통받는 남편대신이 될 수는 없다.

치료를 받을수록 더 힘들어 했지만 그래도 남편은 자신의 생활 습관을 지키려 노력했다. 매일 새벽에 일어나 6시 30분에 출근길을 나섰고 5시까지 회사에서 일을 했다. 남편의 규칙적인 생활 습관이 많은 도움이 된게 분명해 보였다.

그리고 하루에 최대한 소식小食을 하면서 가능하면 탄수화물을 많이 섭취하라고 했던 지시 사항도 꼬박꼬박 지켜나갔다. 나는 그런 남편을 보면서 절대 변하지 않는 습관이 되어갈 것이라 믿었다.

또 한편으로 남편에게서 일어난 변화는 나를 보면서 빈정거리던 말투가 사라졌다는 것이다. 예전에는 드라마를 보면서 내가 울면 옆에서 나를 놀려댔지만 지금은 눈물을 닦으라고 휴지를 건내준다. 그리고 언제부터인가 "고마워!"라는 말을 하기 시작했다.

모든게 믿기지 않는 현실이 되어 가고 있었다. 어떨 때는 남편을 보면서 내가 알던 그사람이 맞는지 의심스럽기까지 했고 치료과정 동안 남편의 몸 안에서 어떤 일이 생겼길래 사람이 저렇게 변했을까 하는 의구심마저 들었다. 내가 전에 알고 있던 것들은 모두 사라지고 새로운 것들이 남편 안으로 들어온 것 같았다.

그뿐만 아니었다. 우리 둘은 모든 것들을 소중하게 보기 시작했고 그 중에는 우리가 좋아했던 재즈도 포함됐다. 새로운 미지의 세계에 탐험을 떠나는 사람들처럼 우리는 그렇게 세상을 다시 보기 시작했다.

이제야 우리 두 사람은 보름달이 비추는 달빛을 받으며 춤을 추며 살아가는 인생을 가지게 되었다.

"인생은 달과 같다. 달빛이 어두울 때도 있지만 또한 보름달이 환하게 비출 때도 있다."

필자는 모든 사람들이 암과 같은 경험을 하지 않고 언제나 보름달처럼 환하게 살아가기를 소망한다. 몸에 난 상처는 때로는 성장의 계기가 되고 불행한 일은 교훈을 남겨주기도 한다.

주인공 헬렌은 남편이 암 선고를 받은 후 어떻게 다시 합치게 되었고 사랑과 웃음으로 어떻게 극복해 냈는지를 말하고 있다. 많은 연구 자료에서 보면 유머가 풍부하고 많이 웃는 환자일수록 완치 확률이 더 높다는 걸 알 수 있다. 우리들의 몸이 사랑하면서 살아야 병과 싸워 이겨낼 수 있다는 걸 말해주는 것이다.

우리 모두는 병을 치료하고 이겨내기 위해서는 다른 사람과의 유대관계가 중요하다는 걸 알아야 한다. 이 이야기 안에서도 두 부부는 자기만의 관심이 아닌 두 사람 공동의 관심으로 이루어진 새로운 영역을 구축하는 게 나타나고 있다. 여기서 필자는 의사들도 분명히 이런 점을 참고적으로 알고 있어야 한다고 생각한다. 자신들의 환자와 얼마나 밀접한 유대관계를 갖는지가 중요하다는 사실을 말이다.

의사들은 보통 통계 수치만 얘기를 하지만 그건 환자들에게 큰 영향을 주지 못한다. 통계수치는 어떤 결정을 내리는 데 도움을 줄 수는 있겠지만 모든 환자가 그 수치에 의해 똑같이 취급받아서는 안된다. 의사들은 환자의 말에 귀를 기울이고 들어야 한다. 그리고 가족 중에도 아픈 사람이 있으면 그 사람의 말을 들어봐야 한다. 그래야 병을 고치는데 있어 어떻게 좋은 방법인지 찾아낼 수 있다.

주인공 헬렌처럼 우리 모두는 삶이 결코 끝나지 않는 변화의 과정이라는 걸 이해해야 한다. 헬렌이 보름달 아래에서 춤을 추는 인생의 행복이라는 말을 했었는데, 그것처럼 여러분도 하루 빨리 자리에서 일어나 사랑하는 사람과 함께 낮에는 햇볕을 받으며 그리고 밤에는 보름달을 바라보며 지내기 위해 노력해라.

치유 HEALING
PART 3

일을 모두 끝내고 집으로 퇴근을 했다. 오늘은 동료들과 집에서 저녁을 같이 먹기로 했기 때문에 함께 나섰다. 집에 들어서자마자 고기 굽는 냄새와 와인 향이 코를 찔렀다. 부엌에서 아내가 요리를 하는게 보였다. 아내에게 키스를 하고 도와줄 것 없냐고 물어봤는데, 대답을 들을 겨를도 없이 식당 바닥에 있는 애완견 캐리어가 보였다. 그리고 그 안에는 작은 강아지 한 마리가 들어 있었다. 아내가 웃고는 있었지만 내가 어떤 반응을 보일지 뻔히 알고 있었기 때문에 잔뜩 긴장하고 있는 게 보였다. 순간 화가 났지만 간신히 참았다. 그리고 아내에게 "강아지 다시 돌려줘. 내일 당장!"이라고 말했다. 그때 내 직장 동료들은 아내 편을 들면서 강아지가 너무 이쁘니까 그냥 키우라고 이구동성으로 말들을 했다. 하지만 난 정말 그러고 싶지 않았다. 또 다른 책임감과 스트레스를 받고 싶지 않았다. 지금도 이미 두 마리의 개를 키우고 있고 내가 하는 일이 수의사였기 때문에 밖에서도 동물들과 씨름하느라 스트레스를 받고 있는데 집에까지 와서 또 동물들한테 스트레스를 받고 싶지 않았다.

다음 날 아침 다른 식구들이 깨기 전에 먼저 일어났다. 그 때 침대 옆에 놓아두었던 작은 박스 안에서 나는 낑낑거리는 소리를 듣고는 어제 아내가 벌였던 일을 까먹고 있었던게 그제야 생각이 났다. 나는 강아지를 꺼내들고 밖으로 데리고 나갔다. 그리고는 평소처럼 신문을 집어들고 읽고 있는데 강아지가 내가 신고있던 양말을 물어뜯기 시작했다. 가만히 신문을 계속 보고 있으면 알아서 그만두겠지 싶어 아무런 반응도 보이지 않았다. 그러자 이번에는 내가 보고 있던 신문을 물어 뜯고 찢기 시작했다. 그 모습이 너무 귀여워서 나도 모르게 웃음이 나왔고 강아지가 노는 모습을 한참 쳐다보고 있었다.

마침 그 때 아내와 딸아이가 위층에서 그 장면을 보고 있었다. 나는 웃으면서 아내에게 "그래서 스팽키 이놈을 언제 돌려줄거라고?"라고 물어봤다. 순간적으로 강아지 이름을 스팽키라고 부르면서 물어봤기 때문에 아내는 계속 그 강아지를 집에서 키울 수 있다는 의미라는 걸 알았다. 아내는 나를 보며 씩 웃고는 식당으로 가서 모닝 커피를 마셨다. 나는 융통성이 전혀 없이 앞뒤 꽉막힌 그런 사람은 아니었다.

스팽키는 다른 두 마리의 강아지들 레밍턴과 브룩과 금방 친해졌고 마치 자기가 우리 집에서 제일 오래 산 강아지처럼 주인 행세를 했다. 우리 가족은 밤마다 공원으로 산책을 나갔는데 강아지들이 더 좋아하는 시간이었다. 스팽키는 항상 앞장서서 달렸고 왕초 노릇을 톡톡히 하고 있었다. 가끔씩 공원에서 강아지들에게 공을 물어오라고 던지면 자기들끼리 서로 공을 물고 오려고 난리가 난다. 그때마다 스팽키는 다른 강아지들이 도저히 따라가지 못할만큼 쏜살같이 달려가 공을 낚아채고는 내게 다시 물고왔다. 하지만 그렇게 밤마다 공원으로 산책을 나가는 일에 큰 변화가 생기게 됐다.

아내가 스팽키를 집으로 데려온지 5개월이 지났을 때 나는 인후암 4기 판정을 받았다. 담배도 전혀 안피는 내가 인후암에 걸리다니…. 그것도 6개월에서 1년 밖에 살지 못한다고 했다. 의사는 내게 일을 그만두고 집에서 쉬는게 좋을 거라고 했다. '일을 그만두라고?' 하루 중에서 가장 중요한 부분인 일에서 손을 놓으라고 하면 그 이후의 내 모습은 절대 상상할 수 없었다. 나는 매일매일 사람들을 만나면서 그리고 동물들을 돌보면서 그 사이에서 생기는 교감을 좋아한다. 치료를 받는 동안에도 이런 기분 전환들이 도움이 될 것 같아 일을 계속 하기로 했다.

스팽키는 좀 유별난데가 있었다. 평소에도 스팽키는 내 컨디션이나 기분이 어떤지 직감적으로 눈치를 챘다. 사람보다 더 나았다. 아내가 한번은 나와 스팽키 사이에 굉장히 밀접한 뭔가가 있는 것 같다고 알려줬다. 어느날 밤 도로에 주차를 하고 집까지 걸어갔다. 그런데 문 앞에서 시원한 얼음물을 들고 아내가 나를 기다리고 있었다.

"내가 집에 오는거 어떻게 알았어? 내가 집으로 떠났다고 누가 당신한테 미리 전화해줬나?"라고 물어봤다.

"아니요. 스팽키가 매일 밤 당신이 집에 도착 할 때쯤 되면 나한테 알려줘요. 오늘도 그랬어요."

"무슨 말이야?"

"당신이 도착하기 5분 전쯤되면 위층으로 뛰어 올라가서는 쇼파 위에 앉아서 당신 차가 오는지 안오는지 창밖으로 내다봐요. 그러다가 다시 아래층으로 내려가서는 당신이 들어올 때까지 문 앞에서 기다려요."

평소처럼 스팽키는 지금도 꼬리를 흔들면서 내 주위를 빙빙돌고 있었다. 제발 자기를 좀 안아달라고 말하고 있는 것처럼 보였다. 하지만 난 도저히 아내의 말을 믿을 수 없었다. 아내에게서 얼음물을 받아 한 숨에 들이키고 한동안 스팽키를 쳐다보았다. 우연일 거라 생각이 들었지만 그래도 실험을 한번 해보기로 했다. 전혀 다른 시간에 퇴근을 하면 스팽키가 어떻게 나오는지 알 수 있겠다 싶었다. 그래서 며칠동안 전혀 다른 시간대에 집으로 돌아왔는데 그때마다 내가 오는 시간과 얼추 비슷하게 스팽키가 똑같은 행동을 했다. 웃음밖에 나오지 않았다.

스팽키의 그런 행동은 믿기 힘든 일이었다. 애완동물을 키우면서 한 번도 느껴보지 못한 기분을 스팽키 때문에 가지게 되었다. 어렸을 때부터 나는 개, 고양이, 염소같은 애완동물부터 해서 비둘기나 올빼미같은 특이한 애완동물까지 다 키워봤다. 그리고 수의사가 되어서 수많은 동물들을 치료하고 돌봐왔다. 하지만 이런 경험은 처음이었다.

나와 스팽키 사이에 있는 그 무엇은 그동안 수의사로 일하면서 이해하기 힘들었던 점들을 어느 정도 이해하는데 도움이 되었다. 어떤 애완동물 주인들은 자신들이 키우고 있는 애완동물에게 지나치다 싶을 정도로 애정을 쏟아붓는 걸 볼 수 있었다. 값비싼 개목걸이에 사람들이 입는 옷과 비슷한 옷을 입히고 모자나 양말도 신키고 심지어는 신발까지 신켜서 데리고 다닌다. 전에는 그런 모습들을 보면서 도저히 이해가 되지 않았는데 스팽키와 함께 있으면서부터 그런 주인들의 기분이 서서히 이해되기 시작했다.

병원에서 치료를 받는 동안 다른 환자들을 많이 만날 수 있었다. 어떤 환자들은 병세가 그리 심하지 않았고 또 어떤 환자들은 더 악화되지 않고 있었지만 그런데도 그들은 암을 이겨내지 못하고 죽었다. 그런 환자들을 볼 때마다 난 어떤 점 때문에 그럴까라고 궁금했지만 그런 생각도 잠시뿐 집으로 돌아오는 길에는 온통 스팽키에 대한 생각 뿐이었다. 스팽키는 그렇게 내가 안좋은 생각이 들 겨를이 없게 만들었고 도저히 웃을 기분이 아닐 때도 나를 웃게 만들었다. 스팽키 생각을 하고 있으면 고통스러운 치료 과정도 별로 힘들이지 않고 끝낼 수 있었다. 나는 스팽키에 대한 애정 그 이상의 무엇이 있다는 걸 알기 시작했다. 그래서 그것이 무엇인지 좀 더 연구를 해봐야겠다고 생각했다.

하지만 그런 생각은 항암 치료를 받으면서 희미해져만 갔다. 병원에 갔다 집에 돌아오면 온 몸에 기운이 하나도 없어서 개들을 데리고 공원에 산책나가는 일조차 버거워졌다. 그렇게 내가 힘들어하는 날이면 스팽키는 그 사실을 알고 쇼파 위에 기대어 앉아 쉬고 있는 내 옆에 조용히 자리를 잡고 가만히 있는다. 어떤 날은 아무런 의욕도 없어 가만히 있고 싶은 날이 있다. 밖으로 나가 산책이라도 하고 오면 기분이 좋아지는 걸 느낄 수 있었지만 그래도 꼼짝하기 싫은 날이 있다. 아내가 밖에 나가 바람이라도 쐬고 오라고 해보지만 그런 아내에게 짜증을 내곤했다.

하지만 스팽키는 내가 조금이라도 움직이는 게 좋다고 생각이 들면 쇼파에 앉아 TV를 보고 있는 내 앞으로 와 짖어댄다. 그리고는 개 목걸이를 입에 물고는 밖으로 나가자는 시늉을 한다. 나한테 부탁을 하는게 아니고 자기를 데리고 빨리 밖으로 나가자고 지시를 하는 것처럼 보였다. 그런 모습을 보고 있으면 도저히 거절할 수가 없었다. 그렇게 목줄을 물고와 웃으면서 나가자고 하는 모습에 매번 넘어가지는 않았다. 그리면 스팽키는 또 다른 방법을 생각해낸다. 스팽키는 소형 애완견이었지만 지치지도 않고 연신 점프하는 모습을 보고 있으면 꼭 전사같다는 생각을 들게 한다. 익살스러운 짓을 아무리 해도 우리 가족들의 시선을 끌지 못하면 어떻게 하든 자기를 봐달라고 하면서 더 난리를 친다.

몇 달동안의 항암 치료가 다 끝나고 난 공식적으로 완치 판정을 받았다. 내 삶은 다시 안정을 찾았고 더 습관적인 생활을 하면서 자질구레한 집안일까지 거들었다. 어느 토요일 아침 난 평소처럼 스팽키를 집 안에 가두고 잔디를 깎기 시작했다. 스팽키가 뒷문을 통해 나올 수 있다는 걸 미쳐 생각지 못하고 잔디 깎기에 열중을 하고 있었다. 그 순간 트럭이 갑자기 집 앞으로 달려오는게 보였고 이상한 느낌이 들었다. 트럭이 지나가고 난 자리에 스팽키가 도로 한가운데 누워 있었다. 나의 소중한 벗이 죽었다. 한없는 슬픔만이 남았다.

생각지도 못한 일이 그 다음주 일요일에 생겼다. 스팽키를 분양했던 여자가 집에 찾아와 스팽키를 빼다박은 듯한 강아지 한 마리를 내게 안겨주었다. 나는 다시 돌려주면서 "저는 다른 개는 필요없습니다. 그 어떤 강아지도 스팽키와 같을 수는 없으니까요."라고 했다. 그러자 그 여자는 "그러면 지금 제가 어디 가는 길이니까 하루만 맡아주세요. 제가 다시 돌아오는 길에 데리고 갈께요."라고 말하며 떠났다. 다시 데리고 가지 않을 거라는 것을 알았으면서도 더 이상 말하는 게 귀찮아 그냥 강아지를 데리고 집으로 들어갔다. 1시간 정도 지났을까 나는 강아지 이름을 스키터라고 지었다.

스키터의 외모는 스팽키와 똑같았지만 부끄러움을 많이 타고 겁이 많았다. 암놈이라 그런지 무릎 위에 올라 앉아 가만히 있는 걸 좋아했다. 스팽키는 분주히 돌아다니고 용감하고 호기심도 많았는데…. 나는 스팽키한테 갚아야 할 빚이 있다. 스팽키는 나에게 애완 동물들과의 교감을 통해 자연적인 치유가 얼마나 크게 일어나는지를 가르쳐주었다. 스팽키가 내게 준 경험을 토대로 암으로 고통받고 있던 내게 스팽키가 어떤 도움을 줬는지를 학술적으로 입증해야 한다는 의무감이 생겼다. 스팽키 재단을 설립해서 인간과 동물사이에 생기는 유대 관계와 치유에 어떤 영향을 주는지를 사람들에게 알리고 가르치기 시작했다.

이제는 한때 나를 짜증나게 했던 유별난 애완동물 주인들을 이해한다. 그리고 자랑스럽게 말할 수 있다. "나도 스팽키한테 입힐려고 이쁜 자켓과 스웨터, 목걸이와 목줄을 샀었습니다."

알람 소리가 나기도 전에 잠이 깬 침대 끄트머리에 앉아 있었다. 아내의 곤히 잠든 모습을 보고 있는데 스키터가 침대에서 뛰어 내려 방 문앞으로 달려갔다. 내가 방문을 열어 줄 때까지 조용히 앉아 기다리고 있다. 알람 소리에 아내가 깰까봐 알람을 끄고 스팽키를 기억하기 위해 만든 조그만 액자를 들여다 본다.

"고마워, 친구!"

Dr. Siegel's 한마디

"동물들은 우리에게 아무것도 바라지 않는 사랑과 용서에 대해 알려준다."

주인공 잭의 이야기를 하기 앞서 먼저 애완 동물을 키우면 어떤 점이 좋은지가 과학적으로 입증된 자료에 대해 잠깐 살펴보기로 하자. 한 연구 자료에서 보면 심장 발작으로 병원에 실려갔다가 집으로 돌아온 사람들의 1년 이내 사망률을 보면 애완견을 키우고 있는 사람들은 단 5 %밖에 안된다고 한다. 반면 애완견을 키우고 있지 않은 사람들은 사망률이 26%에 이른다고 한다. 애완견을 키우게 되면 옥시토신과 세로토닌 수치가 증가한다. 이 호르몬들은 여자가 출산을 할 때도 수치가 증가하는데 애완 동물들이 유대감을 느낄 수 있도록 도와주는 것이라 할 수 있다. 유대감과 사랑의 감정은 생존률을 높인다.

동물은 이런 유대감을 어떻게 만들어 가면서 지내야 하는지를 잘 알고 있다. 동물들은 잠시도 가만히 있지 않고 움직이면서 소리를 내고 자기 감정을 표현한다. 스팽키가 그런 전형적인 모델이다. 스팽키는 어떻게 보면 완치된 사람들이 가지는 행동 방식을 보여주기도 한다. 스팽키는 목줄을 입에 물고 와서는 자기가 하고 싶은 일이 무엇인지 의사표현을 한다.

필자가 키우는 개들중에 퍼피라는 놈이 있는데 이 놈은 분명 전생에 변호사였을 것이다. 한시도 가만히 있지 않고 계속 떠들어댄다. 자기가 무엇을 하고 싶은지, 어디를 가고 싶은지, 언제 밥을 먹어야 하는지 등. 한번은 운전을 하고 있는데 너무 조용해서 왠일인가 싶어 뒷좌석을 돌아봤다. 필자가 그만 다른 개를 데리고 나온 것이었다. 퍼피가 아니라 버디라는 개였다. 그래서 다시 집으로 돌아가보니 퍼피가 도로에 나와 뚫어지게 나를 노려보고 있었다.

동물들은 골치아픈 문제들이 있어도 평화롭게 살아갈 수 있다. 동물들은 사랑이라는 감정에 의심을 하지도 않고 자신들의 몸이 아주 단순한 메커니즘으로 되어 있다는 것을 알기 때문에 그냥 생겨난 그대로 사용하며 살아간다. 사랑하기 위해 또 사랑받기 위해 완벽한 건강이나 육체가 필요없다는 것을 안다. 그래서 동물들은 자신들의 한계나 단점들을 순수히 받아들이고 적응하면서 산다. 인간보다 훨씬 뛰어나게…

동물들은 별 어려움없이도 하루라는 시간 안에서 의미를 발견한다. 반대로 사람들은 문제를 발견한다. 우리 모두는 유대관계를 만들어가는 법을 깨달아야 한다. 인생을 좀 더 의미있게 만들기 위해 다른 사람들과 상호 교감이 필요하다는 말이기도 하다. 하지만 불행하게도 대부분의 사람들은 서로에게 문제거리만 안겨준다.

잭은 의사 말을 듣지 않고 자신의 일을 계속해 나가면서 의미있는 삶을 살아가기로 결정했다. 누구나 삶의 의미를 잃어버린다면 더 이상 살아가기 힘들게 될 것이다.

주인공 잭은 자신의 마음에서 나오는 소리를 듣는 좋은 태도를 가졌다. 자신의 내면에서 나오는 어떤 말에도 귀를 기울일줄 아는 용기를 가졌다. 자신의 일을 계속 해 나가면서 스팽키와 함께 있으면 기분이 더 좋아진다는 이유 때문에 그 개를 받아들였다. 남자들은 자신들이 조금이라도 여성적으로 보이거나 감정을 쉽게 들어내면 큰일나는 것처럼 행동하는데 너무 그럴 필요없다. 개들은 그런 면에서 사람들에게 좋은 롤모델이 된다.

동물들은 순간을 살아간다. 동물들은 주인의 기분이 어떤지 직감적으로 알아 챌 수 있는 능력이 있고 주인에게 안좋은 일이 생기는 것을 미리 감지할 수 있어 경고의 표시를 보낼 수도 있다. 인간도 이런 능력을 가지고 있다. 필자도 환자들을 보면서 저 사람은 금방 낫겠구나, 저 사람은 좋아지지 않겠구나라는 것을 직감적으로 느끼는 경우가 있다. 그건 그 환자들이 진찰실로 들어오는 순간 그들에게서 나오는 에너지가 느껴지는지, 아닌지를 보고 판단하는 것 같다.

필자가 계속 말했듯이 인생은 시작의 연속이다. 무엇인가를 잃어버렸다면 다시 시작해야만 한다. 잭이 스팽키를 보내고 다른 강아지를 다시 받아들인 건 정말 현명한 선택이었다. 그가 겪은 아픔을 통해 얻은 것을 헛되게 하지 않겠다는 그의 자세는 정말 우리 모두가 배워야 한다. 잭은 암 때문에 알게된 희망과 기쁨을 다른 누군가를 돕는 일에 쓰고 싶다는 마음이 생겼고 결국 스팽키 재단을 만들었다.

필자가 잭에게 해주고 싶은 마지막 말은 "스팽키는 아마 자신의 파트너였던 잭을 굉장히 자랑스러워 할 것 입니다."이다.

12년 전으로 거슬러 올라가면 가장 먼저 떠오르는 기억이 하나 있다. 생체검사를 한 후 병실에 있는데 병원 냄새가 잔뜩 벤 가운을 입은 의사가 들어왔다. 직감적으로 뭔가 이상한 기운을 느꼈다. 의사는 나와 눈을 마주치려 하지 않고 있었기 때문에 더 불안해졌다.

의사는 내 차트를 이리저리 살피느라 정신이 없어보였다. 엄지 손가락으로 차트를 한 장 씩 넘기면서 내 나이, 몸무게, 혈액검사 결과, 생체검사 결과를 보고 있었다. 그리고 차트 덮개를 닫고 집게 손가락으로 차트를 톡톡 치기 시작했다. 답답해 죽을 것만 같았다.

시간이 갈수록 나는 더 초조해져갔고 내 머릿속에서는 "나는 죽을 수 없어. 의사들이 나를 고쳐줄거야. 엄마도 그렇고 카렌도 그렇고 모두 잘 됐잖아. 분명 의사가 암은 아니라고 말을 할거야.”라고 소리치기 시작했다.

퇴직 서류를 제출한 후 나는 많은 꿈을 꾸며 지내고 있었다. 그림을 다시 그려볼까? 유채화를 할까 아니면 수채화를 할까? 제 2의 직업으로 글을 써볼까? 아직까지 한번도 가보지 못했던 알래스카나 아니면 더 멀리 몽고에 가볼까?

그렇게 지내던 어느 날 밤 잠을 못이루고 뒤척이다가 가슴에 혹같은 게 만져졌다. 깜짝놀라 다시 한번 자세히 만져봤지만 혹이 아닌 것도 같고 잘 모르겠다. 하지만 불현 듯 불안한 생각이 나를 감싸고 돌았다. 한편으로는 아무 일 아니야 내가 너무 예민해서 그럴거라고 위안을 해보며 다시 가슴에 손을 갖다 댔지만 확실히 뭔가가 만져졌다. 그날 밤 남편에게는 아무 말도 하지 못했다. 밤새 잠을 못 이루며 계속 가슴에서 잡혀지는 그 무엇에 본능적으로 손이 가 있었다.

유방 국소 절제술을 받으러 앤더슨 암 센터로 갔다. 그곳은 최고의 권위를 자랑하는 암 전문 센터였기 때문에 나같은 사람들이 매년 수천명씩 찾는 곳이었고 외국에서도 찾아오는 희망을 주는 성지와 같은 곳이었다. 나는 모든 계획들을 뒤로 미루고 그냥 막연히 알고만 지냈던 그 곳에서 9주동안 머물러야 했다.

방사선 치료를 받는 시간들은 너무 길고 힘들게만 느껴졌다. 어떨 때는 굉장히 힘들고 어려운 외국말을 배워도 되겠다라고 생각이 들 정도로 길게만 느껴졌다. 그러면서 점점 더 시간이 너무 늦게 간다고 아무 죄없는 시간 탓을 하기 시작했다. 방사선 치료를 받을 때마다 방사선이 내 몸 구석구석을 잘 찾아서 암 덩어리들을 모조리 죽여야 하는 임무를 완벽하게 수행해 내기를 바랐다.

나는 무슨 일이 있어도 이성을 잃지 않으리라 맹세했고 암이 계속 내 몸에 살지 못하게 하겠다고 다짐했다. 병원에서 맞이한 첫날 나는 의료진과 환자들을 도와주는 자원 봉사일에 지원했다. 하루에 두시간씩 매일 해야 하는 일이었다. 내 치료가 끝나면 병원 구석구석을 돌아다니며 잡다한 일을 했다. 하루에 최소한 한 시간 정도는 계속 걸어 다녔어야 했다.

치료를 받는 동안 나의 일상은 먼저 따듯한 토마토 스프로 점심을 먹고 난 후 산책을 한다. 물론 그 시간은 앞으로 내가 어떻게 살지를 꿈꾸는 시간이었다. 마지막으로 내가 9주 동안 임시로 머무르고 있었던 집으로 돌아가서는 알츠하이머 병 아직은 초기였다 에 걸린 먼 친척뻘 되는 주인 할머니의 똑같은 얘기를 매일 밤마다 몇 번이고 듣는 일이었다. 그 할머니를 위해 사진을 차례대로 스크랩하고 옆에다 그에 대한 설명을 적어놨다. 그리고 할머니의 친적들 사진은 따로 모아 놓고 누가 누구인지도 써놨다. 할머니는 내게 매일 아침밥을 해주셨다. 할머니와 나는 점점 더 서로에게 필요한 사이가 되어갔다. 내가 그 할머니를 좋아하게 되는데는 단 이틀밖에 걸리지 않았다. 할머니의 따스한 마음과 고상함이 내 마음의 벽을 순식간에 무너뜨렸기 때문이다.

방사선 치료를 받을 때마다 우연찮게도 멕시코에서 온 한 청년과 자주 마주쳐서 친해졌다. 그 청년은 인후암에 걸려있었고 그 옆에는 아들이 빨리 낫기를 바라는 어머니가 항상 같이 있었다. 그리고 또 다른 환자였던 두 살된 딸 브룩을 간호하고 있던 엄마 다니엘라와 친하게 지냈다.

매일 반복되는 지루한 일상 속에서 조금이라도 시간을 빨리 가게 하기 위해 아무 일없이 의사들을 찾아가거나 병원 엘리베이터를 타고 이리저리 가보기도 하면서 치료가 다 끝나기만을 애타게 기다리고 있었다. 마침내 그날이 왔다. 남편이 드디어 해외 근무를 모두 마치고 퇴직을 한 후 치료가 모두 끝나는 날 병원으로 왔다.

시애틀에 마련한 우리의 새 보금자리로 들어갔다. 우리의 첫 번째 집이었다. 30년 넘게 해외 근무를 했기 때문에 정부에서 제공한 관사에서 생활을 했었다. 문 앞에서 나는 남편에게 나를 안고 집안으로 들어가 줄 수 있냐고 물었다. 내 남편은 절대 싫어라고 말할 사람이 아니라는 걸 알았다. 남편은 숨을 크게 들여 마시더니 나를 번쩍 안아 올리고는 집안으로 들어섰다. 물론 아직 준비가 덜 되어 집안에는 가구도 하나 없이 썰렁했지만 그 안에는 우리의 새로운 삶에 대한 꿈이 가득했다.

시간이 흘러 어느덧 5년이 지났다. 나는 정원을 손질하고 그림을 그린다. 유채화 대신 수채화를 택했다. 집을 이쁘게 꾸미고 산책도 하고 시도 쓰면서 지낸다.

어느 특별했던 오후 나는 정원 손질을 하면서 지난 5년 동안 암이 재발되지 않고 지나왔다는 사실에 대해 생각을 하고 있었다. 병원에서 보았던 2살짜리 여자아이, 브룩은 지금쯤 어떻게 되었을지 궁금하기도 했다. 내가 퇴원할 때까지도 그 아이는 계속 치료를 받고 있었다. 5년이 지난 오늘 갑자기 난 그 가족의 근황이 궁금해지기 시작했다. 그 아이는 완치가 되었는지, 지금 어떻게 지내고 있는지. 빨리 정원 손질을 끝내고 그들에게 전화를 해봐야겠다는 생각이 들었다.

그 아이의 엄마 이름은 다니엘라였다. 나는 병원에 있을 때 주고 받았던 연락처를 가지고 다니엘라 집으로 전화를 걸었는데 마침 그녀의 동생이 전화를 받았다. 내가 전화 한 이유를 설명하자 그녀는 지금 그 아이는 7살이 되었고 완치가 돼서 뛰어 다닌다고 했다. 그녀는 다니엘라에게 전화하라는 메모를 남겨 놓겠다고 하면서 끊었다. 의자에 앉아 바깥 풍경을 감상하고 있었다. 멀리 웅장한 산맥이 끊없이 펼쳐지고 있었고 해변에는 잔잔한 파도가 일었다.

다니엘라에게 전화가 왔다. 해변을 바라보면서 전화 통화를 했다. 그 순간 갑자기 바다가 어두워졌다. 하늘에 먹구름이 껴서 그런가하고 올려다 봤지만 파란 하늘 뿐이었다. 다시 바다를 봤다. 그순간 한번도 보지 못했고 앞으로도 보지 못할 광경을 보았다. 두 마리의 거대한 회색 고래가 하나가 되어 솟구쳐 오르더니 다시 바다 밑으로 들어갔다. 30초 후쯤 다시 그 모습을 보았고 그 뒤에는 시야에서 사라졌다.

"다니엘라. 내가 지금 뭘 봤는지 아마 믿지 못할거야. 두 마리 고래가 눈앞으로 지나갔어."

"에이, 장난치지 마세요."

"아니야. 진짜야."

갑자기 눈물이 나왔다. 뭔가 좋은 일이 일어날 것이라는 자연이 주는 징조처럼 느껴졌다. 인디언들의 전설에서 고래는 행운의 상징이다. 내 심장 소리는 주술사들이 울리는 드럼 소리에 맞추어 뛰는 것 같았고 자연의 심장 소리는 모든 생명체들의 마음과 마음을 하나로 묶어 주는것 같았다.

다니엘라의 아이와 내 안에는 여전히 위대한 삶의 숨소리가 울려퍼지고 있다.

Dr. Siegel's 한마디

"작은 일도 그냥 넘기지 않고 시간을 투자하면 언젠가는 가장 값비싼 보물이 된다."

필자는 버버리의 이야기를 읽으면서 여러분 모두가 기분 좋아지고 행복해지기 위해서는 시간을 어떻게 보내면 되는지를 깨달았으면 좋겠다. 자신이 기뻐할 수 있는 일을 해야 건강이 좋아진다.

완치에 영향을 주는 일은 때로는 의외로 단순하다. 예를 들어 걷기처럼 말이다. 걷고 있을 때는 자신만의 생각과 감정에만 집중할 수 있게 되고 다른 사람들이 하는 아무런 의미없는 말에 신경을 쓰지 않아도 돼서 좋다. 연구자료를 보게 되더라도 헬스같은 운동을 하는 것보다 걷기가 건강에 더 도움이 된다는 것을 알 수 있다. 주위에 아무도 없이 혼자 걷다보면 자신에게 더 집중할 수 있기 때문이라고 생각한다.

　주인공 버버리가 보여줬던 완치되는 데 도움이 되는 행동은 진심으로 다른 사람들을 도와주려고 했던 것이다. 동시에 자신의 감정이나 욕구를 무시하지도 않았다. 사랑을 하면 그로 인해 얻는게 많다. 순수한 마음으로 남을 도와주고 싶다는 생각만으로 자원 봉사를 하는 사람들이 더 오래살고 더 행복하게 살아간다.

　시간이 어떻게 가는지 모를 정도로 뭔가에 흠뻑 빠져 일을 하면 몸도 건강해진다. 누구나 이런 시간을 보내게 되면 가장 건강해지는 상태가 된다고 말하고 싶다. 정원을 손질하거나 그림을 그리거나 손자들과 함께 놀거나 무엇을 하든 즐겁게 시간 가는지 모르고 지낸다면 몸이 긍정적인 신호를 받게 되고 결국은 치유의 시간을 보내는 것이다.

　마지막으로 중요한 건 자연이 주는 치료의 힘이다. 병실이나 아파트에서 창문을 통해 자연의 경치를 보며 지내는 사람이 그렇지 못한 사람들보다 덜 힘들어 하고 스트레스도 덜 받는다. 버버리가 고래를 보면서 어떤 생각을 했는지 생각해보자. 그녀는 그런 광경을 보면서 앞으로도 아무 문제없이 살 수 있을 것이라고 자연이 알려주는 징조로 받아들였다. 자연의 경이로움을 경험하면 어떤 일이든 가능할 것이라 믿게 된다. 그런 자연의 경이로움이 치유와 기적을 만들게 된다.

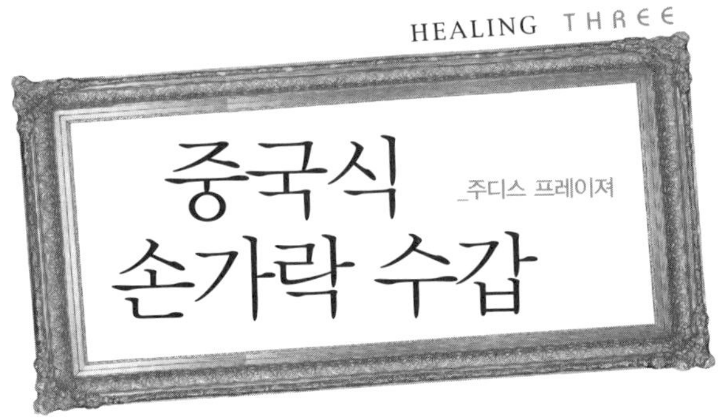

"어디 갔다 왔어요?" 체육관에서 같이 운동을 하면서 알게 된 조지가 런닝머신을 하고 있던 내 옆에 와서 물었다. "도대체 6개월동안 어디 갔었길래 한번도 안나왔어요?" 그동안 내게 벌어졌었던 일에 대해 이제는 어느 정도 안정감을 찾았기에 나는 아무렇지 않게 "암에 걸렸었는데 지금은 괜찮아요."라고 대답했다. 예전보다 비교도 못할만큼 느린 속도로 런닝머신 위에서 걷고 있었지만 자리에서 일어나 이렇게라도 할 수 있다는 건 기적과도 같은 일이었다. 수술과 6주간의 방사선 치료는 나를 인형처럼 가만히 누워서 아무것도 할 수 없게 만들었었다.

체육관에 커다랗게 나있는 창밖을 보니 어느새 단풍이 울긋불긋하게 들고 있었고 가을 바람이 낙엽을 땅위에 뒹굴리고 있었다. 어느새 계절이 또 한번 바뀌는구나 싶었다. 시간은 이렇게 흘러가고 있고 나는 그 시간의 흐름과 함께 할 수 있게 되었다.

검은 모자를 눌러쓰고 있던 조지가 모자를 뒤로 젖히고 "그래요? 아니 도대체 어떻게 했길래 암에 걸렸어요?" 굵은 저음의 단조로운 목소리로 물어왔다.

지금 저사람이 나한테 뭐라고 한거지? 그의 말을 듣는 순간 내 온 몸이 무언가에 얻어맞은 것처럼 느껴졌다. 내가 어떻게 했길래라니···. 런닝머신 손잡이를 잡아 흐트러진 중심을 다시 잡아야만 했다. 그리고 심호흡을 하면서 순간적으로 흐트러진 정신을 다시 가라앉혀야 했다.

그의 질문은 너무 당황스러웠다. 지금까지 내 자신이 대견스러웠고 친구들도 보통은 나를 격려해 주는 말을 했었는데, 대부분 내가 무사히 낫기를 바라면서 기분 좋은 말을 해주었는데 "와! 대단하네. 그렇게 힘든 일을 이겨냈다니 장하다.", "미안해, 난 그런 일이 있었는지 몰랐어."라는 말들을 들어왔는데···. 그런데 지금 이 사람의 말은 직선적이면서 내 정곡을 찌르는 말처럼 나를 혼란스럽게 만들고 있었다.

조지는 그동안 내가 외면하고 있었던 문제, 인정하고 싶지 않았던 문제를 다시 내 앞에 꺼내놓았다. 내 삶을 얼마든지 내 자신이 마음먹은대로 컨트롤 할 수 있다는 잘못된 믿음을 다시 한번 일깨워 주는 말처럼 들렸다. 건방지고 또 멍청하게도 나는 암과 같은 무서운 병엔 걸리지 않을 것이라고 생각했었다. 친척 중 90%가 암으로 죽었다는 사실을 신경쓰고 싶지 않았고 유전적인 부분들을 충분히 이겨낼 수 있다고 생각했다. 그래서 유기농 채소와 과일 그리고 신선한 생선 위주로 먹었고 비타민 섭취와 운동도 게을리 하지 않았고 규칙적인 생활 습관과 스트레스를 받지 않기 위해 노력해 왔었다.

런닝머신 위에서 걷고 있으면서 내 머릿속을 어지럽히는 생각들과 함께 의사를 처음으로 찾아갔었던 그 때가 떠올랐다.

아랫 배가 너무 아팠기 때문에 병원을 찾았다. 통증이 자주 일어났고 금방 낫지 않았기 때문에 진찰을 받았다. 검사를 마치고 의사가 차트를 들여다보면서 "암에 걸리셨습니다."라고 가라앉은 목소리로 내게 말했다.

"암이요? 아니에요. 뭔가 잘못된 걸 거에요. 그냥 단순한 복통일거에요."

"확실합니다. 그것도 꽤 많이 진행이 됐습니다."

어안이 벙벙하면서 심장이 마구 뛰기 시작했다. 강도 7의 지진 한가운데 있는 것처럼 느껴졌다. 세상이 온통 무너져 버려서 몇 분만에 내가 어딨고, 누군인지도 느껴지지 않을만큼 변해있었다. 의사가 지금 암이라고 한거 맞지? 분명히 의사가 잘못 알았을거야. 돌팔이 의사가 분명해! 아니면 다른 사람 차트하고 바뀌었던가. 분명 조금 있으면 저 의사도 뭔가 잘못됐다는 걸 알게될거야.

시간이 조금 지나고 정신을 차렸다. 이 모든 건 꿈이 아닌 현실이었음을 받아들일 수밖에 없었다. "앞으로 어떻게 해야 되죠?"

쓰러지기 직전 속에서도 내가 할 수 있는 방법들을 찾아보고 싶었다.

"CAT 스캔 컴퓨터 X선 체축(體軸) 단층 촬영 사진을 받으셔야 합니다." 의사의 말을 듣자 갑자기 얼마 전에 꾸었던 꿈이 생각났다. 나는 꿈에서 철도 기관사가 되어 철길 위에 있는 고양이 한 마리를 보고 놀래서 구하려고 했지만 그러지 못했다. 그런데 갑자기 그 고양이가 등 뒤에 올라타 내 목을 물고 있는 꿈이었다. 그 꿈이 아마 내 몸이 이상하다는 것을 암시했던 게 아니었을까라는 생각이 들었다.

그 후 의사가 내게 와서 "환자분 자궁에 있는 암은 일반적인 암이 아닙니다. 자궁 육종암 뼈나 힘줄, 연골, 지방조직 등의 결합 조직에 발생하는 암 입니다. 그래서 언제 어디로 전이가 될지 모릅니다." 그리고 차트를 다시 한번 들여다 보더니 "그리고 자궁 경부에서 다른 종류의 암이 또 발견됐습니다."

순간 얼마전에 또 다시 꾸었던 악몽이 다시 살아났다. 우리 집 한 가운데 커다란 풀장이 있었고 그 안으로 기타가 빠지고 있었다. 나는 기타가 물에 빠지면 못쓰게 될까봐 안절부절하고 있었다. 기타줄도 다 엉망이 되고 기타 케이스도 물에 빠지게 되면 더 이상 좋은 음악을 만들지 못하게 될까봐 발을 동동 구르고 있었다. 그리고 풀장 옆에 있던 작은 화분들이 모조리 깨어져 있는걸 보고 꽃들이 죽으면 어쩌나 걱정을 하고 있었다. 꽃들이 안전하게 자랄 수 있게 보호해줬던 화분들이 다 깨졌으니….

꿈 속에 나왔던 기타 케이스는 내 몸이 육종암으로 안좋아지고 있으니까 빨리 구하라는 암시였던 것같다. 그리고 그 깨어진 화분들은 내 자궁 경부에 생긴 암을 말해주고 있었던 것 같다. 내 꿈이 그렇게 많은 정보를 알려주고 있었던 것을 이제야 알게 되었다.

“저같은 경우에 대체 의학들이 도움이 될까요?

“글쎄요. 잘 모르겠습니다.”

그때는 잘 몰랐지만 지금 생각해보면 아마 그 당시 의사는 내게 어떤 희망도 가지고 있지 않았던 것같다. 아마 속으로 내가 얼마나 더 살 수 있을지 생각하고 있었던 것 같다. 그때는 의사나 나나 모두 그렇게 큰 기대를 하지 않았었다.

런닝머신 앞에 있는 모니터에서는 영화가 나오고 있었고 다른 사람들은 각자 이어폰을 끼고 영화를 보며 운동을 하고 있었다. 조지가 머리를 내밀며 “괜찮아요?”라고 했다.

나는 조지에게 아무런 말도 할 수 없었다. 기분이 상했을 뿐 아니라 뭐라고 해야될지도 솔직히 모르겠다. 내가 말을 안하고 가만히 있으니까 조지는 한발 더나가 “우리들한테 일어나는 모든 일은 우리 자신에게 책임이 있는거에요. 그렇지 않나요? 내 말은 우리 자신이 어떻게 행동하냐에 따라 거기에 맞는 일이 벌어진다는 거지요.” 조지의 이마에는 굵은 땀방울이 연신 흘러 내리고 있었다.

나는 조지가 자기 딴에는 도와주고 싶어서 그런 것이라는 걸 알고 있었지만 내게는 전혀 와닿지 않는 말을 계속 하고 있었다. 그래서 아무말도 해줄 수가 없었고 내 심정이 지금 어떤지도 설명해주기 힘들었다. 사실 생각해보지 못했던 문제들 때문에 두려워지고 있는 내 마음을 조지에게 들키고 싶지않았다.

"당신만 괜찮다면 당신이 무슨 잘못을 했었는지 찾아볼 수 있게 도와줄 수 있는데요." 조지는 가슴을 앞으로 내밀면서 더 빠르게 뛰기 시작했다.

그의 말은 점점 더 나를 힘들게 했다. 조지는 런닝머신 속도를 최고로 맞추고 경사도 높게 조절해서 뛰고 있었고 나는 느린 속도에 맞추고 경사도 없이 조정해서 천천히 걷고 있었다.

나는 조지의 말에 혼란스러워진 마음을 가라 앉히려고 모니터에 나오는 영화에 집중을 했다. 하지만 '내가 뭘 잘못해서 암에 걸렸지?' 라는 생각이 도통 머릿속에서 떠날 생각을 하지 않았다. 한번 생각을 해보기로 했다. 무엇이 잘못됐었는지를⋯.

먼저 슬픔이다. 얼마 전에 내가 이뻐하며 키우던 개가 죽고 무척이나 슬퍼했었다. 그 때 한 친구가 너무 슬퍼하면 면역력이 더 약해질 수 있으니까 그만 슬퍼하라고 말해준 적이 있었다. 그 개의 죽음으로 한동안 너무 아파했고 고통스러워 했었다.

그 다음은 음식. "먹는 것이 그 사람을 만든다."라는 말처럼 내가 과거 몇 년 동안 한시도 빠짐없이 먹는 것에 신경쓴 편은 아니라는 걸 인정한다. 저녁을 먹은 후에 아이스크림을 먹었고 그 전에는 기름에 튀긴 음식을 꽤 좋아했었다.

음식이 아니라면 환경오염 때문일지도 모른다. 온갖 공해 물질로 뒤덮혀진 세상 속에서 공기를 들여마시고 살아야 하니까 암의 원인일지도 모른다.

내가 잘못했었을지도 모르는 그런 일들을 하나씩 쭉 나열해 봤지만 그래도 조지에게 확실하게 뭣때문이라고 얘기할 수 없었다. 우리는 각자 자기가 정해놓은 속도에 맞추어 운동을 계속했다.

집에 돌아와서도 계속 조지의 말이 떠나지를 않았다. 내가 무엇 때문에 암에 걸렸을까? 자신에게 일어난 모든 일은 자신에게서 비롯된다라는 말을 전에도 들어본 적은 있지만 그래도 이번에는 좀 달랐다. 감기나 플루에 걸리는 거하고 나를 죽일지도 모르는 암에 걸리는 거하고는 차이가 너무 컸다.

그렇게 며칠동안 계속 그 생각에 매달리면서 모든 게 내 탓이라는 생각만 하게 되다보니 스트레스만 쌓여갔다. 현재가 아닌 과거에만 매달리게 하고 긍정적인 생각이 아닌 부정적인 생각만 하게 만들었다. 살아남은 영웅의 모습과 현명함 그리고 욕심을 버리는 자세와 내 자신에 대한 존중 등을 잊게 만들었다.

나는 하루에 세 번씩 녹즙을 꾸준히 마시고 있었다. 남편인 이안은 그런 나를 위해 녹즙을 직접 만들어 주었다. 마실 때마다 그 냄새에 기분이 좋아졌다. 내 딸인 티파니는 일주일에 몇 번씩 자기가 잘가는 한의원으로 나를 데리고 가서 침을 맞게 했다. 그리고 그곳에서 항암치료에 효과가 좋다고 하는 부황 치료를 받기도 했다. 수술과 방사선 치료를 받기는 했지만 언제 다시 재발할지도 모른다는 걸 알고 있었기 때문에 계속 주의를 기울여야 했다. 그래서 3개월에 한번씩 CAT 스캔을 받으러 가고 있었다.

며느리인 에이미는 색연필과 드로잉북을 선물했다. 그래서 하얀 여백에 내 감정을 옮기는 일도 계속하고 있었다. 화가였던 에이미는 말하고 싶은게 있을 때 그림으로도 말을 할 수 있다고 내게 알려줬다. 그림을 그리고 색칠을 하면 그건 어느 누구의 것도 아닌 나만의 것이 된다.

또 스트레스 받는 일이 생기면 나는 내 친구 안나와 함께 명상을 한다. 숨을 깊게 들이마시고 내 뱉으면서 내 안에 있는 모든 스트레스를 날려버린다. 그 시간은 내게 무엇을 해야하고 무엇을 하지 않아야 하는지를 다시 한번 깊게 생각해볼 수 있는 기회를 제공한다.

조지가 내게 암에 걸린 이유가 무엇이냐고 물어본 후 새롭게 생긴 걱정과 두려움도 지금까지 말한 방법을 통해 다스리려고 하고 있다. 결국 내 자신 깊이 "아마 그가 맞을지도 몰라. 내게 모든 원인이 있을거야. 하지만 어떻게 그리고 왜 암에 걸렸는지 그 이유를 찾아보는 건 아무런 도움도 안되. 그게 더 스트레스를 받는 일이야."라는 소리가 들려나왔다.

내가 암에 걸렸었고 또 지금도 암에 걸렸을지도 모른다는 사실을 부정하려고만 했다는 것을 깨달았다. 이제는 암과 관련된 모든 부정적인 생각을 버려야 할 때이다.

나는 조지의 생각 뿐 아니라 내 자신에 대해서도 근본적으로 다시 한번 생각해보기로 했다. 암은 무조건 나쁜 것이기만 할까? 암에 걸린 후 오히려 내 몸에 대해 신경을 더 많이 쓰지 않았나? 이런 식으로 생각하다

보니 새로운 해답을 얻게 되었다. 내 마음 깊은 곳에서 "아! 맞아"라는 소리가 들려왔다. 정확하게 뭐라 표현하기에는 좀 힘들지만 순간적으로 그게 무엇인지 깨달았다.

암은 내 몸에 대해 한번 더 생각해보고 아끼게 해준 선생님과 같다는 생각이 들었다. 암이 내게 준 영향은 실로 대단했다. 인생의 많은 부분을 다시 생각할 수 있게 만들었다. 수술과 방사선 치료를 받으면서 나약해졌을 때 하루 중에 일어나는 사소한 문제들을 다른 관점으로 바라볼 수도 있지 않을까하는 생각이 들었었다. 차 배터리가 방전되서 어쩔 수없이 약속 시간에 늦었다고 크게 문제될건 없다. 친구와 저녁을 먹기로 약속했는데 너무 피곤해서 가기 싫다면 그냥 다음에 보자고 하면 될 뿐 안본다고 해서 크게 문제될게 없다. 집에 전기가 나가 모든 전원이 나갔다고 해서 크게 문제될건 없다. 언젠가는 전기가 다시 돌아올테니 잠깐만 기다리면 될 뿐이다. 회복 기간동안 있었던 그런 사소한 문제들 대부분은 생명을 위협할 만큼 심각한 문제들이 아니었다. 인생이라는 도로 위에 나타나는 과속 방지턱이나 우회도로 정도밖에 안된다.

오래전에 내 아이들이 가지고 놀던 장난감이 하나 있었다. 중국식 손가락 수갑이라고 불렀는데 나무로 만들어져 둥근 실린더 모양을 하고 있었다. 아이들이 양쪽 끝에 손가락을 넣고 당기면 찰칵하면서 손가락이 걸려 빼지 못하게 되어있었다. 안에 걸려있는 손가락에서 힘을 빼야만 손가락이 빠지는 특이한 구조로 된 장난감이었다. 아이들은 그 장난감을 가지고 노는 걸 무척 좋아했는데 아이들에게는 마술처럼 보였던 모양이었다.

그때 그 장난감이 지금 나에게 큰 사실을 하나 알려주었다. 내가 어떻게 할 수 없는 문제까지 억지로 하려다 보면 나 스스로가 수갑에 갇히게 된다는 걸 깨닫게 해줬다. 안되는 일은 그냥 두는게 스트레스로부터 자유로워질 수 있다.

얼마전 병원에 가서 의사와 얘기 중에 내가 처음에 대체 의학이 나한테 도움이 될까라고 물어봤던 걸 기억하냐고 물어봤다. 그리고 나는 그 대체 치료법을 내 스스로 찾았다고 말했다. "암에 대한 대체 의학은 사랑이에요. 나를 사랑하고 다른 사람을 사랑하는 게 답이에요."

의사의 얼굴에는 자기도 동의한다는 식의 웃음이 살며시 배어 나왔다.

"그냥 내버려 두고 살아가는 법을 배우자!"

주인공 주디스는 경험을 통해 많은 것들을 배웠다. 우리도 주디스가 새롭게 터득한 삶의 지혜들을 배워야 한다. 주디스가 말하길 암은 자신에게 선생님같다고 했다. 우리도 자신 안에 있는 보물들을 찾아 나서야 한다. 설령 그 길에 두려움이 있다고 해도 더 이상 망설이지 말아야 한다. 주디스는 모든 걸 자신의 탓으로 돌릴 필요가 없다는 것을 깨달았다. 어느 순간부터 자신의 인생을 비관적으로 바라보지 않게 되었고 많은 문제들을 아주 작은 장애물들이라고 생각을 했다.

암에 비한다면 아무런 문제도 되지 않는 그야말로 사소한 것들로만 보이기 시작했다.

필자가 전에도 얘기했듯이 우리가 할 수 있는 일들만 생각을 하는 게 중요하다. 주디스는 명상을 통해 자신의 생각과 감정에 집중했다. 그리고 자신이 할 수 있는 일에만 집중을 하는게 얼마나 도움이 되는지를 입증했다. 무엇이 중요한지를 항상 생각해라. 자신의 능력 밖에 있는 일이 무엇인지를 깨달아야 한다. 자신의 능력 밖에 있는 일을 인정하고, 그냥 내버려두고, 어떻게 해보려고 하는 생각이 없어야 평온과 사랑과 치유가 생길 수 있다. 또 그렇게 되야만 몸과 마음과 정신이 건강해 질 수 있다.

필자가 평소에 자주 하는 말 중 하나는 "괜찮아?"라고 누가 물어보면 솔직하게 대답을 해야지 상대방 기분을 좋게 만들고 싶다는 생각이 먼저가 되어서는 안된다는 것이다. 조지처럼 암에 걸려본 적이 없는 사람이 아무 생각없이 물어보는 말은 마음으로 걱정되서 하는 말이 아니라 머리에서 나오는 형식적인 말이다. 진심으로 아픔을 들어주고 힘들어 하는 마음을 진심으로 위로해 줄 수 있는 그런 사람들과 함께해야 한다. 아파 본 사람이 아픈 사람의 마음을 더 잘 아는 법이기에 사랑으로 보다듬어 주려고 한다. 사랑은 대체 치료법은 아니지만 살아가는 데 반드시 필요한 것이고 사랑으로 치료되지 않는 건 하나도 없다.

필자는 병에 걸린 걸 무조건 자기 탓으로만 돌리는 환자들을 볼 때마다 따끔하게 충고를 하곤 한다. 병에 걸린게 비난받을 일도 아니고 자기 탓만도 아니다. 병에 걸린 그 시간을 통해서 어떻게 하면 더 많은 것들을 깨달을 수 있는지가 더 중요하다. 아팠을 때 느꼈던 경험들이 더 가치있게 만들려는 변화가 있어야 한다. 그리고 단순히 병이 나았다는 것에 국한되지 말고 그걸 통해 어떻게 하면 인생까지 건강하게 치유될 수 있는지를 찾아 보라고 부탁하고 싶다.

무조건 자기가 잘못했다고 생각하면서 자기 자신을 책망하려고만 하지 말자. 가족의 죽음이나 사랑하는 애완견이 죽었거나, 실직을 했거나, 사랑하는 사람이 다른 사람이 좋다고 떠났거나, 이혼을 했거나 등 모든 문제를 무조건 자기 탓으로만 돌리지 말자. 여러분의 생활과 여러분의 건강은 떨어질래야 떨어질 수 없는 부분이다. 다시 한번 말하지만 책망과 죄책감은 어떤 식으로든 도움이 되지 않는다. "어떻게 하면 내 자신을 더 사랑하면서 새로운 인생을 살아갈까?"라는 생각만 하자.

중국식 손가락 수갑처럼 여러분이 자유로워지기 위해 애를 쓰면 쓸수록 여러분은 그 안에서 빠져나올 수 없게 된다. 전쟁에서 이기기 위해 격렬하게 싸워서 이겨야 한다고 생각하지 말고 편안한 마음으로 치유의 과정에 집중을 해라.

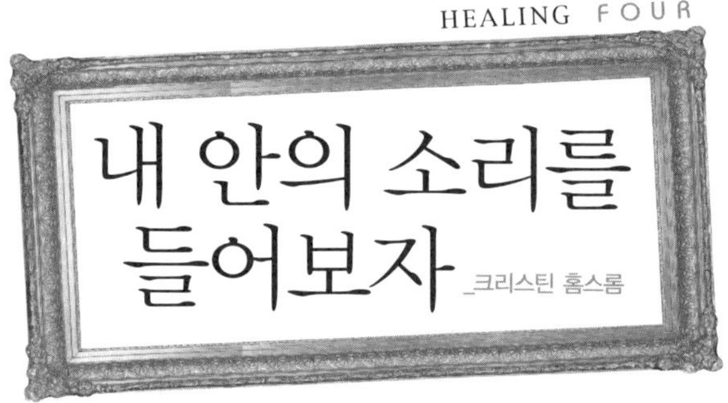

내가 아주 어렸을 때 한밤중에 되풀이 되는 악몽에 시달리다 잠을 깨곤 했다. 꿈 속에 나왔던 그 무시무시한 게 무엇이었는지 잘 모르겠지만 그 때마다 침대를 뛰쳐나와 "엄마, 아빠 나 무서운 꿈 꿨어."라고 울먹이며 부모님 방으로 달려갔다. 그러면 언제나 아빠가 나를 내 방 침대에 다시 누이고 내가 잠들 때까지 나를 껴안고 계셨다. 아빠가 나를 안전하게 지켜주리라 믿으며 잠이 들곤했다.

하지만 이제는 다 큰 어른이 되었고 아무리 든든한 아버지라도 내 실생활에서 진짜로 벌어진 악몽같은 암으로부터 나를 구해주실 수 없었다. 이제는 내가 직접 나서서 내 몸 속에 생긴 악마같은 암을 이겨내야 하고 내 마음 속에 살고 있는 겁먹은 소녀를 안심시켜야 한다.

왼쪽 가슴에 있는 혹이 어쩌면 암일지도 모른다는 의사의 말은 두려움의 소용돌이 속으로 나를 몰아 넣었다. 암울한 생각들이 머리 속에 가득차기 시작했고 마음을 혼란스럽게 만들면서 낙천적이었던 내 성격도 필요없게 만들었다. 몽유병 환자처럼 멍하니 병원 문을 나서야 했던 내 마음은 어두운 그림자에 갇혀 4월의 따스했던 햇살마저 스며들지 못했다. 온갖 걱정으로 기쁨이라는 말이 무엇인지 전혀 기억나지 않았다. 보통 때라면 주차장에서 돌아다니는 작은 새들을 보면서 재밌어 했을 텐데 지금은 내 차 바로 옆에서 버려진 빵부스러기를 쪼고 있는 참새들을 보고도 아무런 생각이 나지 않았다. 일상 생활에서 얻었던 작은 재밌거리도 지금은 전혀 느낄 수 없다.

그로부터 몇 날을 죽을 운명이라 생각하며 무기력하게 지냈다. 수술도 그리고 방사선 치료도 받고 싶지 않았다. 병원에서는 그 두 가지 치료를 모두 받아야 유방암에서 벗어날 수 있다고 했지만 나는 완강히 거부하고 있었다. 내 안에 있던 그 겁쟁이 작은 소녀가 긍정적인 사고 방식과 자연 치료법만으로도 고칠 수 있다고 하면서 나를 뜯어 말리고 있었다. 한동안 병원 치료말고 다른 방법이 없는지만 생각했다. 하지만 결국 입증되지 않은 방법에 대한 불신이 의학적으로 입증된 치료법을 받도록 만들었다. 나는 까탈스러운 환자였고, 끔찍한 질병의 피해자였다.

수술을 받기 2주 전에 사무실에 앉아 있는데 내 자신에 대해 미안한 기분이 들었다. 부정적인 생각이 암을 이겨내는데 전혀 도움이 안된다는 것을 머리로는 알고 있었지만 마음이 따라 주지 않았다. 머리 위에 있던 형광등이 깜빡깜빡거려 집중하는데 방해가 되었다. 더 이상 집중하는게 힘들 것 같아서 시선을 잠시 다른 데로 돌렸다. 책상 끄트머리에 있던 코발트 블루색 화병에 얼굴을 대고 노란 프리지아 꽃 향기를 맡아보았다. 달콤한 꽃내음에 나는 한줄기 아침 햇살에 꿈을 깨는 것 같은 느낌을 받았고 악몽 속에 있었던 두려움을 사라지게 만들었다.

암 판정을 받고 난 뒤 처음으로 생각이 맑아졌다. 내 안에 있던 겁많은 소녀가 더 이상 내 인생을 지배하며 살아가지 못하게 해야겠다고 마음 먹었다. 부정적인 생각이 암보다 더 무서운 적을 만들 수도 있다는 생각이 들었다. 두려움은 생명을 위협하는 질병이 닥치면 자연스럽게 생기는 것이지만 그렇다고 두려움이 내 인생을 마음대로 휘젓게 내버려 둘 수는 없다. 뭔가 행동이 필요할 때이다.

한 번에 한 조각씩 맞추어 가는 퍼즐 조각처럼 내가 처한 상황들을 처리해 나가기로 했다.

첫 번째가 수술이라는 조각으로 "내가 뭣 때문에 망설이는 거지?"라고 내 자신에게 물어봤다. 마음 속에서 들려오는 대답을 들을 수 있었다. 내 담당 의사와 감정적인 유대감이 없다는 걸 알게 되었다. 수술 실력이 뛰어난 의료 전문가가 아닌 마음이 따뜻한 의사를 원하고 있었다.

내 자신한테 선택권이 있다는 걸 깨달았고 내 길은 내가 개척해 나갈 수 있어야 한다고 생각했다. 내 안에는 두려움 뿐만 아니라 동시에 지혜와 직감이 숨쉬고 있었다. 그 때부터 내 안에서 들려나오는 목소리에 귀 기울일 수 있었다. 그래서 치유를 위한 나만의 여정을 시작하기로 했다.

유방 절제술로 한 쪽 가슴이 없는 경험자를 찾아 조언과 위로를 듣기로 했다. 직장 동료 중 몇 년 전에 유방암에 걸렸었던 직원에게 전화를 했다. "네가 원하는 의사를 찾아봐."라고 그 동료는 말했다. 그러면서 어니 보다 이 박사를 추천해줬다. 나는 어니 박사를 주말에 만나기로 예약을 했다.

그의 진찰실은 병원 2층에 있었는데 깨끗한 대기실에 편안해 보이는 쇼파가 있었고 책장에 책들이 가득 꽂혀 있었다. 어니 박사는 나를 반갑게 맞아주면서 가벼운 포옹을 했다. 그리고 상냥한 미소를 띄우며 "언제든지 전화해요."라고 하면서 명함을 건네 주었다. 자리에 앉아 내 상태에 대해 얘기를 하자 어니 박사는 연신 고개를 끄덕이며 충분히 이해한다는 식의 메시지를 보냈다. 내 얘기를 하는 동안 나도 모르게 눈물이 나왔지만 그래도 당황스럽다는 생각이 안들 정도로 마음이 편안했다. 어니 박사는 내게 티슈를 건네주면서 유방 종양만을 절제하는 국소 절개법과 유방 절제술에 대해 간단히 얘기했다. 그러면서 DVD를 보여줬는데 거기에는 나와 같은 유방암 환자들이 두가지 방법 중 하나로 수술을 했을 때 어땠는지에 대한 내용이 들어있었다. 둘 중 어느 방법을 택하더라도 영구적으로 기형의 모습으로 살아가지 않을 수도 있다는 사실을 알고 조금은 위안이 되었다.

수술하기 전에 몸과 마음을 충분히 추스릴 수 있는 방법을 찾아봤다. 그래서 최면요법을 받았다. 또 이미지 트레이닝을 통한 자기 암시 요법을 사용했고 기도도 열심히 했다. 친한 친구와 함께 짧은 휴가를 갔다 오기도 했다. 이런 모든 방법들을 통해 결국 의심과 걱정의 두려움을 말끔히

씻어낼 수 있게 되었다. 이제는 준비가 됐다.

수술 후 또 다른 결정을 해야 하는 시간을 맞이했다. 방사선 치료가 나를 기다리고 있었지만 나는 다시 망설였다. "자연 치료법이나 자기 암시법만으로도 되는거 아닌가?" 다시 예전처럼 돌아가고 있었다. 내가 생각하는 방법이 더 낫다고 속으로 고집부리고 있었다. 몇몇 의사들로부터 방사선 치료를 받아야 한다고 얘기를 들었지만 귀에 들어오지 않았다. "수술만 받아서는 장기 생존률이 60%지만 방사선 치료까지 받으면 그 확률은 80%를 넘습니다."라는 말을 듣고 내가 지금 혹시 옳게 생각하고 있는 게 아니라 맞다고 믿고 싶은 걸 고집부리는 것은 아닐까라는 생각이 들었다. 대체 의학만이 나를 구할 수 있다고 믿었던 고집을 버리기로 했다.

방사선 치료는 말 그대로 현대적인 치료법이다. "방사선을 통해 치료를 받으면 더 좋아지겠지."라고 생각했다. 다시 최면 요법을 받으러 갔었고 체르노빌 핵 참사의 피해자들을 위해 특별히 만들어졌다는 플라워 에센스 flower essence – 꽃의 에너지와 파동을 물에 전사(轉寫)하여 사람이 그 물을 복용함으로써 몸과 마음을 치유하는 동종 요법의 일종 를 받기도 했다. 매번 치료를 받기 전에 자기 암시법을 사용했고 비타민 E 오일을 사용해 마음을 편안하게 만들려고 했다. 그리고 무엇보다 조금이라도 안좋은 생각이 들 때마다 유머를 잃지 않으려고 했다.

10년이 흐른 지금 암이나 치료와 완전히 멀어졌다. 한 때 내 삶의 일부였던 그것들은 이제 반쯤은 잊혀진 꿈처럼 되었다. 나는 피해자도, 생존자도 아니다.

가만히 앉아 내 인생을 생각해 보고 있으면 때때로 "암이 다시 재발하면 어쩌지?", "다른 곳으로 전이된건 아닐까?", "수술과 방사선 치료 거기다 화학요법 치료까지 받게 되면 어쩌지?"라는 두려움과 걱정이 들기도 한다. 그럴때면 머릿속이 온통 뒤죽박죽되면서 걱정이 한가득 들어선다. 내가 예전 경험을 통해 배운 것은 그런 걱정은 절대 외면하거나 무시할 수 없기 때문에 생각이 들면 드는대로, 걱정이 나면 나는대로 가만히 두어야 한다는 점이다. 그 다음에는 겁을 잔뜩 먹은 꼬마 아이를 걱정하는 인자한 부모처럼 "걱정마라 아가, 아무 일 없을거야. 내가 널 얼마나 사랑하는지 알잖아."라고 말하면 된다. 나는 내 안에 숨어있는 겁쟁이 소녀를 끌어안고 키스를 하면서 그런 말을 하는 상상을 한다.

나는 살아있다는 사실에 너무 감사하다. 하루하루가 주는 아름다움과 놀라움을 함께 할 수 있어 더 그렇다. 그리고 특히 내 안에 있는 지혜로운 여인에게 감사해 한다. 희망과 치유의 길로 나를 이끌어주는 목소리를 들려주는 그 여인에게 너무 감사하다.

"사랑을 해라. 적까지도 사랑할 수 있다면 물리칠 수 있다."

여러분이 나이에 상관없이 악몽같은 상황에 직면했을 때 용기를 가진다면 악몽에서 벗어날 수 있다. 용기는 두려움을 없애고 더 강한 사람이 되도록 한다. "왜 하필 나야?"라는 생각을 버려야만 "이걸 어떻게 할까?"라는 식으로 생각의 변화를 가져 올 수 있다. 우리 모두는 두려움을 가지고 있지만 용기를 가지고 두려움과 맞설 때만이 치유의 여정을 떠날 수 있다.

필자의 아내는 최근에 유방암 판정을 받았다. 하지만 지난 30년간 암 환자들을 보살펴 왔던 경험 때문에 크게 두려워하면서 낙담만 하고 있지는 않다. 우리 부부는 오늘을 위해 살고 있다. 내일 무슨 일이 일어날지 걱정만 하면서 살지 않는다. 40년 전 아내는 다발성 경화증(중추신경계-대뇌, 소뇌, 척수-의 여러 부위에서 염증이 수시로 재발하는 질환으로 염증이 발생할 때마다 팔다리의 힘 빠짐, 감각 이상, 시력 장애, 대소변 장애 등의 증상이 나타난다)에 걸렸었다. 그 때만 해도 필자도 지금처럼 성숙하지 못했었기에 신경과 전문의의 말을 듣고 두려움에 떨면서 살았었다. 그 의사의 예견은 결국 일어나지 않았고 그 때 내가 배운 귀중한 경험은 의사의 예견이나 처방보다 더 중요한 게 있다는 사실이었다. 주인공 크리스틴은 결국에는 다 나은 사람처럼 행동을 했고 많은 치료 요법 자들을 찾아 다니면서 다양한 치료법을 받았다. 그게 바로 살아남은 자들에게서 나타나는 행동 양식이다.

두려움이 있는 한 절대 우리의 삶을 위협하는 것으로부터 보호를 받을 수 없다. 두려움 속에 살게 되면 질병에 대한 저항력도 약해지고 살려는 의지도 약해진다. 치유를 하려면 반드시 두려움을 사랑과 희망과 믿음과 기쁨으로 변화시켜야만 한다. 부정적인 생각과 두려움은 자기 자신을 패배의 길로 이끄는 지름길이다. 무엇 때문에 두려워 하고 있는지 모른다면 확실히 어떤 두려움인지를 알아야 한다. 그래야 그 두려움을 안고 사는 법을 배우거나 극복하는 법을 배울 수 있게 되기 때문이다.

살아남은 사람들의 성격을 보면 두려움한테 지는 사람들이 아니라 그걸 오히려 기회로 삼는다. 또 그런 사람들은 자발적으로 임하는 치유법이 좋다는 것을 알고 있으며 궁극적으로는 우리 모두 그렇게 해야한다. 치료법의 선택은 자신 안에서 나오는 지혜와 본능에 따라야 한다. 환자들이 꾸는 꿈은 때로 이런 지혜를 알려주기도 하고 지금 무엇을 하는게 좋을지 인도해 주기도 한다. 필자가 알고 있던 한 여자 환자는 꿈 속에 미러클이라는 이름의 고양이가 나와서 그녀에게 다음에는 화학요법을 받는게 좋다고 알려줬다고 한다. 그 환자는 바로 다음 날 담당 의사를 찾아가 꿈 애기를 했는데 꿈 속에서 알려준 데로 화학요법 치료를 받고 지금까지 잘 살고 있다. 그렇기 때문에 조금이라도 의심스러운 생각이 들면 여러분의 마음과 꿈 그리고 내적인 지혜에서 나오는 소리에 귀를 기울여야 한다.

최면요법, 상상요법, 명상, 생약과 보충제 등은 모두 도움이 되는 부분들이 있으며 좋은 영향을 받을 수도 있다. 의사들이 "나는 그런 것들은 잘 모르니까 왠만하면 하지 마세요."라고 말할 수도 있다. 하지만 여러분에게 좋은 영향을 줄 수도 있는 대체 의학들을 직접 알아보고, 찾는 것을 그만 둘 필요는 없다.

크리스틴은 이제 더 이상 암과 연관되이 살지 않는다고 했다. 그렇다. 암의 생존자로 자기 자신을 국한시키면서 살아가지 않는게 중요하다. 진짜 인생을 만들어 가야한다. 더 이상 암에 신경을 쓰거나 이겼다고 자만해서도 안된다. 크리스틴이 "살아간다는 사실에 감사한다."고 했다. 그리고 그것은 여러분이 감사하는 마음이 생길 수 있는 일들을 계속 만들어가는 게 중요하다.

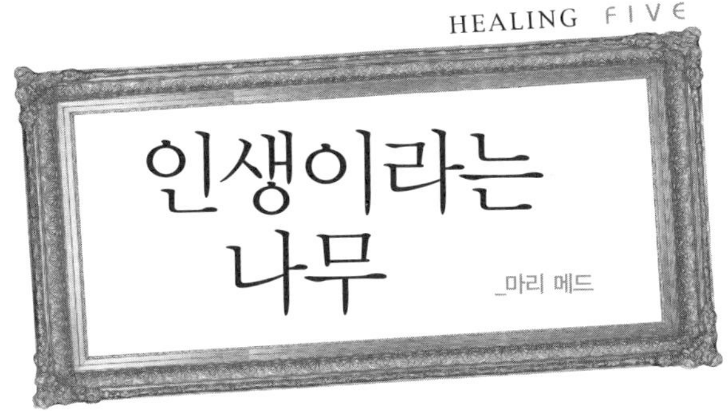

별로 춥지도 않은 날이었지만 내 뼈 속까지 스며드는 냉기를 느껴야 했던 날이었다. 주차장에 멍하니 서서 몸을 심하게 떨고 있었다. 조금 전 의사에게 자궁 절제술과 사타구니 림프절의 제거에 대해 얘기를 듣고 나왔기 때문이었다.

암 전문의와 얘기를 하는 동안 수술이라는 말이 계속 맴돌았고 주차장까지 걸어오는 내내 나를 온통 뒤흔들어 놓고 있었다. 간신히 차에 올라타 그곳을 빠져나왔다. 언제 수술을 받아야 하고 그 뒤에 어떤 치료를 받아야 하는지 하나도 생각이 나지 않았다. 머리 속이 순간적으로 뿌연 안개로 뒤덮여 아무런 생각도 할 수 없었다.

평소에 사전 대책을 꼼꼼히 준비하는 편이었던 내 성격 덕분에 그나마 빨리 정신을 차리고 긍정적인 생각을 가지려고 노력했다. 암 환자들의 이야기를 다룬 책들을 보면서 용기와 희망을 얻었다. 생체 검사 결과를 보고 난 후에 어떤 치료법이 좋은지 다른 사람들에게 자문을 구했고 나와 마음이 맞는 의사를 찾았다. 그 의사는 내게 먼저 꾸준한 테스트를 해보고 그래도 상태가 호전되지 않으면 그 때가서 수술을 하겠다고 약속했다. 수술을 그나마 늦게 받을 수 있게 되었기 때문에 그 시간동안 전통적인 치료방법이나 대체 의학 치료법을 찾아볼 수 있었다. 현대 의학의 기술과 내가 별도로 찾아본 다른 치료법들을 병행해서 치료를 받았고 결국에는 회복되었다.

그게 18년 전의 일이었고 그 후 '암이 재발하거나 다른 심각한 병에 걸리면 어쩌나?' 라는 생각은 별로 들지 않았다. 3주전 까지는 그랬다.

몸이 계속 피곤하고 기운이 없었던 게 뭔가 잘못되고 있음을 알리는 첫 번째 징후였다. 거의 매일 밤 잠꼬대를 하느라 잠을 설쳤기에 깨어있을 때 집중력에 문제가 생겼다. 입맛도 없었고 컨디션이 계속 좋지 않았다. 눈도 침침해지면서 기분도 자꾸만 다운되고 하여튼 왜 그런지 모르게 몸이 전체적으로 좋지 않았다.

그러다 평소와 달라보였던 의사의 목소리를 듣고 왜 그랬는지 그 이유를 알게되었다. 지난 몇 년동안 보여왔던 것과 달리 암 표식자 Cancer marker - 각종 암 조직에서 분비되는 특정 당, 단백물질이나 효소, 호르몬 등으로 암의 존재 여부를 진단하거나 암 치료 후 추적 관찰하여 재발 등을 알아 보는데 이용된다 의 수치가 높게 나왔다는 것이었다. 그 말이 무슨 뜻인지 금방 알아차릴 수 있었다.

정신이 멍해지면서 앞이 캄캄해졌다. 그리고는 내가 저질렀던 몇 가지 일 때문에 그렇게 됐다고 생각하니 내 자신이 너무 원망스러워졌다. 그 중 하나가 스트레스를 굉장히 심하게 받아야 했던 한 프로젝트를 진행하고 있었다는 점이었다. 사랑하는 사람과 멀리 떨어져 이리저리 뛰어다니며 일을 해야했다. 그 프로젝트가 내 일생의 최대 기회라고 위안을 삼으며 모든 문제들을 덮어두려고만 했었는데 결국은 내게 있어 가장 중요한 것을 잃어버릴지도 모르는 상황까지 오게 만들었다.

내 안에서 들려왔던 따끔한 경고의 메시지들을 무시하고 사랑과 기쁨을 멀리한 채 불안과 혼란스러운 감정만 생기는 일만 하면서 지내왔다. 부정적인 생각들이 언제나 내 곁에 있었다.

심리 치료사들과 상담할 때 그들은 항상 내게 세상과 내 자신을 바라보는 관점을 바꾸는게 좋겠다고 충고를 했다. 내 자신이 무의식적으로 어떤 말을 하고 있었을까? 내 인생을 좋게 생각하며 살았을까 아니면 짜증을 내면서 희망이 전혀 없다고 생각하면서 살았을까? 답은 너무나 뻔해 보였다.

사는 내내 난 인생을 마치 끝마치지 못한 비즈니스처럼 인식하고는 더 안달나 하면서 일을 빨리 끝내려는 마음으로 살아왔다. 인생을 좋게 바라보는 그런 사고 방식은 기쁨을 안겨주지만 슬프게도 내게는 기쁨이라는 말을 별로 못느끼고 살고 있었다. 건강 상태가 다시 안좋아진 지금 내가 무엇보다 필요한 것은 기쁨이며 살아가기 위한 의지라는 게 너무 분명해졌다.

심리 치료사들의 충고를 받아들여 내 마음 깊숙이에서 들려나오는 말들이 무엇인지 조용히 들어보기로 했다. 내 삶의 관점을 다시 생각해보고 재정립해 볼 수 있는 시간을 가지기로 했다. 한번도 가보지 않았던 노스캐롤라니아로 차를 몰았다. 그곳은 너무 아름다웠고 내 마음을 흠뻑 빠지게 했다. 자전거를 타고 숙소에서 멀리 떨어진 숲 속으로 향했다.

어떤 나무들은 바람이 그랬는지 바닥에 쓰러져 있었다. 그 나무를 보면서 내 인생에 폭풍이 들여닥쳤을 때 내가 얼마나 납작하게 엎드리고 살았었는지 떠올랐다. 언덕을 올라갔다. 숨을 고르기 위해 잠깐잠깐 쉴 때마다 심장이 터질 것처럼 심하게 박동질을 하고 있었고 다리는 점점 더 마비가 되는 것 같았다. 그 때마다 크게 소리내어 웃고는 다시 출발을 했다. 아무리 힘들어도 멈추고 싶지 않았다.

"너는 정말 바보야. 암 때문에 너무 걱정할 필요없어. 그렇게 쓸데없는 걱정만 하다가는 심장병으로 먼저 죽겠다."

어떤 상황에서든 유머는 걱정과 근심을 사라지게 만든다. 넓게 펼쳐진 초원 가장자리에서 낙엽들이 바람을 타고 춤을 추며 날아다니는 것을 보았다. 갖가지 색깔의 단풍잎들이 가을 하늘과 햇살을 배경으로 춤을 추고 있었다. 너무 아름다운 광경이었다.

그 모습은 내게 새로운 암시를 주었다. 내 나이도 계절로 치면 가을 나이에 들어섰다. 떨어지는 낙엽이 끝이 아닌 새롭게 태어나기 위한 거름으로 변해 가듯이 나도 새롭게 태어날 준비를 해야할 가을 나이이다. 오랫동안 풀지 못한 숙제가 하나 둘씩 풀려가는 듯했다.

그리고 가을의 색과 아름다움에 어우러지는 새들의 노래 소리가 들려왔다. 햇살에 비춰져 노란색이 더 밝게 빛나는 나비 두 마리가 내 머리 위에서 날아 다니고 있었고 하얀색 꽃들로 덮힌 작은 덤불들은 그 모든 아름다움에 나를 더 깊게 빠져들게 만들었다. 내 주위에 있는 모든 것들이 변화의 신호를 보내주고 있는 것처럼 보였다. 내가 원하고 있고 해야하는 그런 변화의 모습들을 보여주고 있었다.

팔을 크게 벌리고 눈을 감았다. 그리고 기도를 했다. 낙엽 몇 개가 내 손을 스치며 떨어졌다. 지금 이 낙엽들처럼 안좋은 생각은 그냥 흘러가는데로 내버려두자. 그리고 나 자신을 용서하자.

고요함이 나를 감싸고 있었다. 얼마나 시간이 지났는지 모르겠다. 그런데 갑자기 내 발이 땅 속으로 들어가 뿌리가 되어가는 것처럼 느껴졌다. 내가 나무로 변해가고 있었다. 이 땅이 주는 모든 자양분을 흡수하는 것같은 기분이 느껴졌다. 뿌리가 된 발이 점점 더 깊이 들어가고 있어 놀랍기만 했다. 땅으로 아주 깊숙이 들어가면서 내게 생명을 주고 있다. 용기를 내어 위를 쳐다보자 내 팔은 가지가 되어 사방으로 뻗어 있었고 내 심장은 사랑으로 넘쳐나 새들이 내 가지위로 날아와 노래를 부르기 시작했다. 그리고 바람이 전해오는 희망을 느끼기 시작했다.

나뭇잎들이 내게 얘기를 했다. 삶의 오묘함과 기쁨과 사랑과 평온에 대해서 비밀을 알려줬다.

그리고 그 순간 나는 평화로움을 느낄 수 있었다. 지금 이 순간은 커다란 선물이고 보물이었다. 내 건강에 대한 걱정과 부정적인 생각들 때문에 그 무엇에 의해 이곳으로 이끌려 왔나보다. 나는 이제 새로워졌다.

숲을 나오려고 돌아섰을 때 나는 모든 게 해결된 것처럼 마음이 가볍고 맑아졌다. 모든 게 그야말로 완벽해 보였다. 파란 하늘은 더 높고 푸르게 보였고 하얀 꽃들과 새들의 노래 소리 등 모든게 정말 놀랍고 아름다운 광경이었다.

이제 돌아가야 할 시간이다. 왔던 길을 다시 거꾸로 가고 있을 때 편평한 바위에서 잠시 쉬고 있었다. 작은 거미 한마리가 내 시선을 자꾸 끌려고 하는 듯이 내 주위를 계속 맴돌았다. 그리고 잠시 후 그 거미의 짝이었는지 한 마리가 더 나타나 같이 움직였다. 나는 그 커플 거미를 좋은 징조라고 생각을 했다.

숙소로 돌아와 편하게 쉬면서 책을 읽고 싶었다. 그런데 우연찮게도 내가 가져온 책의 표지에는 커다란 나무 한 그루가 그려져 있었다. 오늘 내가 경험했던 나무를 생각하며 기막힌 우연의 일치라고 생각하니 저절로 웃음이 나왔다.

다음은 그 책 안에 나오는 한 구절이다.

"우리가 만약 아무런 지식이나 지혜없이 무조건 바쁘게 뛰어다니면서 일에만 매달리고 산다면 우리의 인생이라는 나무는 가지는 없이 뿌리만 무성하게 자랄 것이다. 가지가 없다면 어떻게 다른 곳을 볼 수 있고 인생에 바람이 불면 또 뭐라고 답할 것인가? 또 지식만 있고 실천하는 행동이 없다면 우리는 뿌리는 하나도 없이 가지만 무성한 나무와 같아진다. 그리고 운명의 바람 앞에 맥없이 쓰러질 것이다.

우리는 지혜와 실행 모두를 가지고 있는 인생의 나무를 가져야 한다. 그렇게 되면 우리의 가지는 넓게 퍼지고 뿌리는 든든한 버팀목이 되어 자양분을 공급해 줄 수 있게 된다. 그래야만 살면서 겪게되는 폭풍과 가뭄 속에서도 꿋꿋히 살아 남을 수 있다. "

정말 오늘 내가 경험했던 일들과 너무 흡사한 구절이었다. 나도 모르게 기쁨의 눈물이 흘러나왔다. 그리고 무릎을 꿇고 맹세를 했다. 내 인생을 바꾸겠다고 내 꿈을 꼭 움켜잡고, 인생의 아름다움에 흠뻑 빠져들겠다고 그리고 사랑이 주는 치유의 힘을 믿겠다고….

지금 나는 암의 가장 자리에 살고 있다. 앞으로 어떤 일이 벌어질지 모른다. 하지만 상관없다. 이 아름다운 세상과 기쁨으로 한 껏 충만된 내 마음이 중요하다는 것을 깨달았다. 나는 암 때문에 소중한 걸 얻은 행운아이다. 내 꿈을 위해 살아갈 수 있게 나를 흔들어 깨워줬고 어느 정도는 교훈을 주기도 했다.

Dr. Siegel's 한마디

"여러분에게 자라나는 나무는 여러분이 어떻게 하느냐에 따라 성가신 존재가 될 수도 있고 아니면 여러분을 지켜줄 수도 있다."

주인공 마리의 첫 번째 반응은 다른 사람들과 마찬가지로 강한 부정이었다. 절망적인 기분에 사로잡혀 있다가 그녀의 자발적인 성격으로 한걸음 앞으로 내딛게 됐다. 그리고 싸워 이겨내려는 정신을 높이면서 살아갈 수 있는 기회를 더 높게 가지게 된다. 이렇게 싸워 이겨내려고 하는 마음은 꼭 암에만 국한되어서는 안된다. 여러분의 인생과 맞서 더 좋게 바꾸려는 마음이어야 한다.

인간은 누구나 운명이라는 시간을 안고 살아가는 존재라는 걸 깨닫는 순간부터 그녀의 인생에서 가장 소중한 것이 무엇인지를 깨닫게 되었다. 우리 모두는 이 점을 배워야 한다. 병보다 인생 자체를 치유해야 병을 더 쉽게 치료할 수 있다.

마리는 여러 가지 방법으로 자신에게 도움이 되는 길을 찾아보았고 심리 치료사도 만나보았다. 그리고 그녀의 인생을 다시 새롭게 하기 위해서는 무엇을 꼭 해야 하는지를 알기 위해 그녀 스스로에게 계속 질문을 했다. 여러분 모두는 지나간 세월에 대한 후회와 미련과 아픔을 가득 짊어지고 살아서는 절대 안된다. 여러분의 아픈 과거는 그냥 지나가게 내버려 두고 무시해라.

마리가 말했던 것 중에서 가장 중요한 한 가지는 유머와 웃음이 주는 가치이다. 웃음이 많으면 두려움에 빠지지 않는다. 두려움은 절대 기쁨과 웃음과 공존할 수는 없다. 많은 연구자료에서도 유머가 많은 환자들이 더 오래 산다는 게 입증되었다. 그렇기 때문에 장난치기 좋아하는 어린 아이가 되어 순간을 즐겨라.

필자는 강의 시간에 항상 낙엽에 대해 얘기를 하곤 한다. 아름다운 가을 나무 위에서 단풍을 뽐내다 떨어지는 낙엽은 굉장히 큰 의미를 지니고 있다고 말을 한다. 그리고 또 다른 한 가지는 다른 사람들을 기쁘게 하기 위해 내 인생의 나무에 언제나 푸른 잎을 달고 살려고 애를 쓰면 결국 내 인생의 나무는 시들어 죽고 만다.

우리는 자연이 주는 작은 선물들을 아주 당연하게 생각한다. 필자는 여러분들이 아침에 일어나 집밖으로 나섰을 때 전에 한번도 본적이 없었던 것처럼 모든 걸 새롭게 보려는 노력을 해보기를 권한다. 그러면 정말로 감탄사가 절로 나오는 게 얼마나 많은지 새삼 느낄 수 있게 되고 얼마나 아름다운 인생인지를 알 수 있게 된다. 떨어져 있는 낙엽들과 해를 받고 피어난 꽃들 그리고 많은 생명체들, 다양한 날씨 등 우리가 보면서 느껴야 하는 자연에서 일어나는 많은 일들을 마음으로 받아들이자.

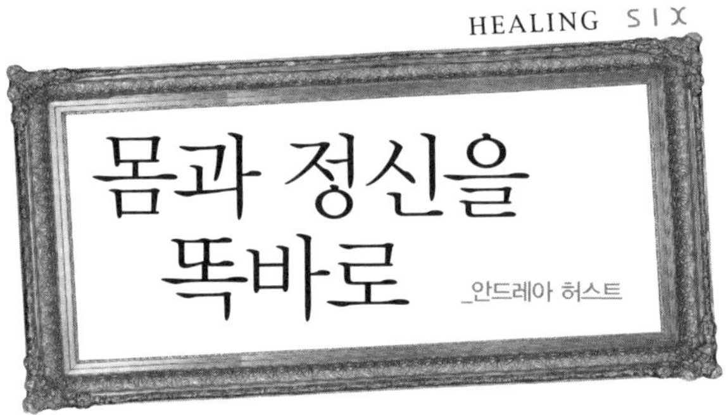

내가 유방암에 걸릴 위험성이 많으니까 유방 X선 사진을 찍어보라는 보험 회사의 두 번째 통지서를 받고 "왜 자꾸 귀찮게 이러는 거지?"라는 생각이 들었다.

이제 나이 마흔을 갓 넘기고 건강에 많은 신경을 쓰면서 살고 있고 심지어는 전자레인지도 쓰지 않고 있다. 가족 중에 유방암에 걸렸던 사람도 없었다. 나는 첫 번째로 받았던 통지서를 아무렇지 않게 휴지통으로 버렸고 이번에도 역시 그럴려고 했다. 그런데 머릿속에서 혹시 모르니까 한번쯤 가서 검사받아보는 것도 나쁘지 않을 것 같다는 소리가 들렸다. 지금까지 내 직감을 많이 믿으며 살아오기는 했지만 이번만큼은 한참을 망설인 끝에 병원에 전화를 걸어 예약을 했다.

계속 마음에 내키지 않아하면서 유방 X선 사진을 찍었다. 그리고는 병원에서 전화를 받을 때까지도 그 일을 까맣게 잊고 있었다. "사진 속에 좀 의심쩍은 부분이 발견됐습니다. 병원에 다시 나오셔서 외과로 오시기 바랍니다."

순간 모든 게 멈춰버린 듯 했다. 외과? 너무 오버하는 거 아니야? 외과라면 몸에 칼을 대는 곳인데 이건 뭔가 분명 실수가 있었을 거야. 나는 암에 걸린게 아니야. 갑자기 아버지 생각이 났다. 아버지도 암 진단을 받았을 때 이런 생각을 했을까? 지난 달 아버지가 전립선 암 말기로 돌아가셨다. 그래서 아버지가 떠나시면서 남긴 슬픔이 아직까지 나를 힘들게 하고 있는데 내 자신까지 암에 걸렸다는게 사실이라면 더 견디기 힘들어 질 것 같았다.

두근거리는 마음으로, 이건 꿈일거야라고 생각하면서 외과로 향했다. 문이 열리고 젊고 잘생긴 남자가 들어왔다. 담당 의사였다. 내 유방 X선 사진을 라이트 박스 위에 펼쳐 올려놓았다. 사진 속의 한 부분을 가리키며 유방종양 절제 수술을 하는 게 좋을 거 같다고 말하면서 2주 후에 수술을 하자고 말했다. 생체검사법도 시행하지 않고 바로 수술이라고 했으니 암이라는 걸 확신했던 모양이다.

2주 동안의 기다림은 혼란 그 자체였다. 기분이 수시로 뒤바뀌면서 남편과 어린 애들을 남겨 두고 나 먼저 떠나면 그 뒤에는 어떻게 될까라는 시나리오를 떠올리기도 하고 또 순간적으로 이건 단순 종양인데 의사가 잘못 알았다는 시나리오를 만들어 보기도 했다. 나는 불안과 초조가 너무 심해지면 집 밖으로 나가 근처 공원에서 산책을 하기도 했다. 그래서 마음이 좀 가라앉고 이성적인 판단이 가능해지면 병원에서 말한게 모두 사실이니까 받아들여야 한다는 생각이 들었다.

어쨌든 수술 당일날 난 병원으로 갔고 수술실에 들어가기 전까지 심호흡을 했다. 수술을 받고 깨어나자 머리가 어지러웠고 속이 심하게 메스꺼웠다. 간신히 정신을 차리자 내 앞에는 그 외과 의사가 서 있었다. 그의 표정에는 잘난체 하는 미소를 머금고 있었다. 그 표정을 보면서 나는 속으로 '암이 맞았구나! 그래서 자기 자신이 더 대단하게 생각이 드는가 보네.' 라고 생각했다.

"공격적인 타입의 암입니다. 하지만 1기에 해당할 정도로 아직은 작은 편입니다. 제 생각에는 림프 절을 제거하는 수술을 한번 더 받으시는 게 좋을 것 같습니다. 그리고 암이 혹시 다른데 전이가 됐는지 알아보게 골스캔 Bone scan - 방사능을 이용해 영상을 얻어 뼈에서 평소와 달리 활동성을 보이는 세포를 찾는 검사. 평소와 달리 활동성을 보이는 세포는 암, 골 외상, 감염 혹은 다른 질환을 나타낸다 을 받아 보셔야 합니다." 상냥해 보이는 간호사가 내 옆으로 와서는 의사 말을 이해했는지 내게 물어봤다. 그냥 멍하니 간호사를 바라만 보았다.

그 후 지금까지 모든 일이 빨리 지나가고 있다. 의사가 말했던 각각의 치료가 하나씩 순차적으로 퍼즐 조각 맞추듯이 진행되고 있었다. 골스캔 결과 아무 이상이 없었고 림프 절까지도 퍼지지 않았다. 화학요법 치료와 방사선 치료 얘기도 오고갔다. 내 몸과 내 인생에 관한 이런 모든 결정들은 결국은 나를 위해 그리고 나 스스로 해야만 하는 결정들이었다. 동일

한 진단을 받은 사람들은 하나같이 똑같은 치료법을 받으며 마치 기름칠이 잘된 기계처럼 움직이는 의료 시스템 하에서 나는 아무런 힘도 없고 내 말을 들어주는 사람도 없다는 것에 염증을 느꼈다.

그러던 중 암 환자들에 대해 쓴 책을 우연히 읽어보고 무엇보다 내 자신이 강해져야 한다는 사실을 알게 되었다. 그 책에서는 누군가의 말을 무조건 따를 필요도 없다고 했고 내 몸과 마음을 치유하는 최상의 방법은 무엇보다 내 자신 스스로가 내린 결정을 따르는 것이라고 했다.

그때부터 나는 전통적인 치료방법부터 대체 의학, 자연 치유법, 정신 치유법 등 모든 방법들을 찾아나서기로 마음 먹었다. 모든 관련 서적을 읽고 암 전문가들을 만나보기도 했다. 자연요법 전문가, 화학요법 전문가, 방사선 치료법 전문가들을 만나봤다. 각각의 자료와 전문가들의 의견을 종합해서 내 몸과 마음에 가장 좋은 방법이 무엇인지를 생각해봤다. 일반적인 몸이 아닌 내 몸에 제일 좋은 게 무엇일까라고 말이다.

명상과 기도를 통해 의사들이 만약 자기들이 말한데로 하지 않으면 어떤 일이 생길 수 있다고 말했던 것에서 받았던 모든 걱정들을 없애려고 노력했다. 그리고 내 아이들이 커가는 과정을 보면서 살아가는 모습을 머릿속으로 그려보는 일을 계속했다. 내가 어떤 치료법을 선택하는게 좋을지 계속 내 자신에게 물어봤다. 마침내 난 가족들이 모두 모인 자리에서 "화학요법 치료는 받고 방사선 치료는 받지않을래. 대신 자연 치유법이나 다른 대체 의학 치료법을 같이 병행하면서 지낼거야."라고 말했다. 주위 표정을 둘러보았다. 몇몇은 걱정스러워 했고 몇몇은 대견해 하는 것

같았다. 모든 사람을 기쁘게 하고는 싶지만 이제는 내 자신이 먼저야만 한다는 걸 알았다.

화학요법 치료를 받으면서 나는 진절머리가 나기 시작했고 더 나약해져 갔다. 그리고 내가 별 탈없이 다 마칠 수 있을까하는 걱정이 생겼다. 부작용을 없애는 약을 먹으면서 점점 더 최악의 상황으로 빠져들기 시작했다. 화학요법을 받으면서 내 몸을 컨트롤할 수가 없었다. 화학요법 약물은 점점 더 나를 황폐하게 만드는 것 같았고 더 이상 필요치 않다는 느낌을 받았다. 이제 의사, 가족, 친구들에게 어떻게 말을 해야 될까?

나는 다시 한번 내 자신에게 올바른 길을 알려달라고 요청을 했다. 내가 어떻게 해야 하는지, 내 자신에게 가장 좋은지를 알려달라고 말하면서 조용히 생각에 잠겼다.

결국 나는 화학요법 치료를 더 이상 받지 않기로 결정했다. 나는 내 결정에 잔뜩 실망하고 스트레스를 받은 의사에게 말했고 조용히 내 결정을 바라보는 가족들에게 얘기했다. 이제부터는 내 자신이 직접 세운 치료 계획에 따라 움직일 것이라고 마음먹었다. 내 치료 계획 안에는 하루하루를 재밌고 즐겁게 보내면서 몸에 좋은 음식들과 생약들을 섭취하고 자연치유법 전문가들과 영적 건강 전문가들의 도움을 받는게 포함되어 있었다. 물론 나는 많은 위험성을 내포한 길을 택했을지도 모른다. 하지만 내 스스로의 힘으로 살아남고 싶었다. 암이 내게 안겨준 가장 놀라운 부작용 아닌 부작용은 삶을 돌아볼 수 있는 계기가 되었고 내 자신을 더 잘 이해하고 더 많이 사랑하게 만들었다는 사실이었다.

그로부터 지난 15년 동안 병원에서 표준 검사를 지속적으로 받아오고 있으며 나는 완치 판정을 받은 사람으로 살아가고 있다.

"곤란한 질문이라도 과감하게 해라."

여러분은 모두 자신의 치료법에 적극적으로 참여를 해야 하고 여러분에게 최선의 방법이 되고 있는지 또 기분을 좋게 하는지 스스로가 판단해봐야 한다. 의사들은 보통 치료법이 어떻게 적용되고 어떤 이로운 점이 있는지 그리고 어떤 결과가 일어나는지 설명을 해준다.

하지만 그 치료법이 여러분의 몸에 주는 영향이 정확하게 어떻게 나타날지 얘기 해줄 수는 없다. 그렇기 때문에 여러분의 내적인 소리에 기를 귀울이지 않고 무조건 의사나 다른 치료법의 전문가들의 말을 무조건 따르는 것은 살아 남기 위해서 할 수 있는 최선의 모습은 아니다.

여러분은 적극적인 참여자가 되어야 한다. 무조건 복종하는 사람이 되어서는 안된다. 여러분이 어떤 선택을 하든 두려움 속에서 한다면 그건 자신이 내린 결정 때문에 스스로 죄책감을 받지 않으려고 누군가의 말에 무조건 따르는 결정일 확률이 높다. 하지만 여러분이 옳다고 믿으며 하는 결정은 의사나 가족들에게 싫다고 말하는 일이 생긴다는 걸 의미한다. 주인공인 안드레아가 했던 것처럼 자신의 몸에서 나오는 말에 항상 귀를 기울여야 한다. 안드레아는 화학요법 치료가 자신에게 맞지 않는다는 걸 알고는 다른 치료법을 찾아보기 시작했다. 그리고 그녀의 결정을 통해 자신을 더 강하게 만들어줄 수 있는 방법을 찾았다. 만약 그녀가 자신에게 좋지 못하다고 느낀 치료를 계속 받았다면 내적인 갈등이 더 심해져서 더 많은 부작용이 일어나 고통을 받았을 것이다.

살아남은 사람들의 특징을 보면 자신의 욕구를 만족시키기 위해 적극적인 행동을 하고 결정을 내리는 데 도움이 되는 정보들을 하나라도 더 찾아보려 하고 다른 사람들의 말이나 지시에 무조건 따르지 않는다. 그래서 궁금한게 있다면 망설이지 않고 물어보며 대체 치료법에 대해서도 조사를 한다. 자신의 치료법에 대해서는 주체적인 입장이 되어야만 좋은 결과를 얻을 수 있다.

대부분의 환자들은 다른 사람을 기쁘게 하기 위해 자신을 포기하거나 다른 사람들이 원한다는 이유 때문에 무작정 치료법을 따라 받는다. 앞에서도 얘기했듯이 문제는 나에게 가장 좋은 걸 내가 선택한 것일까라는 걸 생각해봐야 한다. 머릿속 지혜가 아닌 마음 속 지혜를 통해 무엇이 좋은지 알아야 한다. 여러분에게 좋은 치료법이 무엇인지를 결정하기 위해서는 다양한 선택 옵션들의 이미지들을 그려보는 시간을 많이 가져야 한다. 화학요법 치료에 대해 불만이 많은 환자라면 아름다운 황금 빛이 암을 제거하는 모습을 상상하면서 화학요법 치료를 그려봐야 한다. 그러면서 내적인 지혜로부터 화학요법 치료에 대한 긍정적인 신호를 받기도 한다.

문제는 정보를 얼마나 얻느냐가 아니라 자기만의 것으로 어떻게 만드냐이다. 살려는 의지와 자부심 그리고 자신을 사랑하는 마음이 있어야 살아남을 수 있는데 도움이 된다. 자신을 사랑하고 자신의 판단을 믿어라. 자신의 건강을 직접 챙기고 자신의 인생을 직접 개척해라.

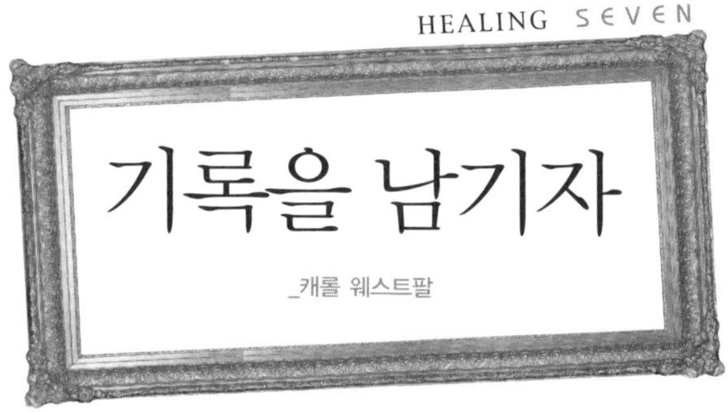

_캐롤 웨스트팔

어른이 되어서 수도 없이 해왔던 장보기와 크게 다를게 없이 오늘도 마트 이곳 저곳을 카트를 끌며 돌아다니고 있었다. 빵을 살까 말까 망설이기도 하고, 전에 썼던 치약 이름이 뭔지 생각이 안나서 한동안 기억해내려고 애를 쓰기도 하고, 휴지를 사놓을 때가 됐는지 곰곰이 따져보기도 했다. 그리고 한동안 일부러 가지 않았던 문구점 코너로 발길을 옮겼다.

문구점은 전혀 위험한 것을 파는 곳이 아닌데 연필, 볼펜, 공책, 크레용 등 아이들이 미래의 꿈을 키울 수 있게 해주는 것 외에는 아무것도 없는 코너인데도 난 한동안 일부러 이 코너를 찾지 않았다. 하지만 오늘은 공책이 필요해서 이곳을 찾았다. 림프 조직에 생기는 악성 종양인 림프종에 걸린 내가 그것에 대한 정보를 기록하기 위한 공책이 필요했다.

구석진 곳에서 보라색 공책을 찾았다. 내가 제일 좋아하는 색이 보라색이었다. 그 공책 안에 앞으로 겪게 될 치유 과정을 써내려갈 예정이다. 공책을 카트에 마지막으로 넣고 계산대로 갔다.

매일 자기 전에 공책에 의사의 말, 진단 내용, 치료 방법, 처방전, 전문가들 의견, 결과 등을 기록했었다. 암과 함께 한 시간들에 대해 화려한 미사어구로 치장하지는 않았다. 간단하고, 단순 명료하게 그리고 딱딱한 내용들로 채워졌다. 그렇게 기록하는 일을 통해 무언가 내가 할 수 있다는 기분이 들었고 오랫동안 관공서에서 그렇게 일을 해왔던 습관이 한몫했다. 얼마 후 치료는 모두 무사히 마쳤고 암도 사라졌다. 그리고 몇 달 동안의 재택 근무를 마치고 사무실로 복귀를 했다. 암과 관련된 모든 것을 상자에 담았고 그 안에는 보라색 공책도 함께 했다. 상자를 꽁꽁 묶어 창고 깊숙한 곳에 처박았다.

하지만 내 얘기는 그게 끝이 아니었다. 직장에서 일을 하며 모든게 제자리를 찾은 듯 했고 암이 사라지고 몇 년동안 매일 같은 일상생활 속에서 조금은 지루함을 느낄만큼 평이하게 보내고 있었다. 매일 같은 길, 같은 직장 사람들, 크고 작은 프로젝트들로 하루가 정신없이 가고 그렇게 하루가 끝나갔다.

그러나 암이 6년 만에 다시 재발해서 그 생활 속으로 똑같이 뛰어들었다. 6년, 1,800일이 조금 넘게 지난 어느날 의사의 전화를 받고 '이젠

됐어. 그만하면 충분한거 아니야.' 라고 생각했다. 처음 암에 걸려 나았을 때 모든 게 다 끝난지 알았지만 아니었다. 이제 다시 시작이다. 이번에는 그 때와 좀 다르게 받아들여야 할 것 같아 나는 일을 그만두기로 했다.

내가 몇 년 동안 사랑해왔던 일이었지만 이제는 은퇴를 하고 내 자신을 위해 시간을 보내기로 결정했다. 무슨 일이든 내가 하고 싶은 일을 마음대로 하면서 하루를 보내고 싶었다. 매일 똑같은 일상 생활에서 다른 사람들 눈치를 보며 지내는 대신 내 생각만 하면서 보내야 할 시간이 왔다는 생각이 들었다. 내 직장 동료들은 나의 갑작스러운 발표에 적지않게 당혹스러워했다. 은퇴 기념식이나 회식 등 야단법석을 떨지 않고 그냥 조용히 나가고 싶다고 말했다. 그래도 몇몇 동료가 작은 선물을 해주었다. 그 중 하나는 포장이 되어 있어 안에가 보이지 않았지만 받자마자 일기장이라는 걸 바로 알 수 있었다.

그래, 이제부터는 보라색 공책에 딱딱하고 재미없는 암에 대한 얘기들을 쓰지말고 이 이쁜 일기장에 생각나는 데로 내 기분을 옮겨적어야지. 한 페이지, 한 페이지를 넘기면서 나는 만년필로 파랗게 줄이 쳐진 일기장 위에 내 생각과 내 기분을 써내려가기 시작했다. 6년 전처럼 이번에도 밤마다 작은 서재에 앉아 의사를 만났던 얘기, 치료법을 기록했다. 하지만 이번에는 그런 내용말고도 내 마음을 덧붙였다. 예를 들어 병원을 가기 전에 기도했던 내용이나, 내가 힘들었던 얘기, 화가 났었던 얘기 등을 쓰면서 감정이 한껏 북받쳐 오르면 그런 감정에 충실했다.

　그로부터 시간이 지나 내 기분이 최고조에 올랐던 건 우리 모두가 간절히 듣고 싶어하는 말, 암이 사라졌다는 말을 의사에게 들었던 날이었다. 눈물을 흘리면서 병원을 나와 주차장으로 갔다. 내 차를 지나쳐 널따란 주차장을 가로질러 걸어갔다. 사람들이 잔디밭 위에 만들어 놓은 지름길을 따라 한 참을 걸어갔다. 멀리 호수가 한 눈에 들어왔다. 이 기쁜 소식을 자연과 함께 나누고 싶었다. 더 이상 두려워할 필요도 없고 화를 낼 필요도 없다. 나는 다 나았고 축복받았다. 또 한편으로는 이게 꿈인가 하는 생각도 계속 들기도 했다. 차가운 겨울 바람이 내 얇은 코트를 파고 들었지만 기쁨으로 요동치는 내 마음이 모든 걸 따스하게 녹이고 있었다.

　암에 처음으로 걸렸을 때를 생각해보면 나는 그 때 어느 책에서 "암을 통해서도 얻을 점이 있습니다."라고 했던 구절을 보면서 굉장히 화가 났었던 기억이 있다. 정말 너무 화가 나서 그 책을 난로에 집어던져 태워버리고 싶었었다. 시간이 흐르고 지금은 그 말이 무슨 의미인지를 깨닫고 있다. 걷다가 문득 하늘을 보며 "앞으로 내가 어떻게 살아야 하는게 맞을까요? 무슨 다른 계획이라도 가지고 계신건가요? 하느님!!" 새로운 인생이 내 앞에 활짝 펼쳐졌다. 의사나 치료나 심지어는 암 일기장 없이 최선을 다해 살 수 있는 인생이 내 앞에 왔다.

　그래도 뭔가를 써야하는 내 버릇은 여전하다. 전처럼 내 기분이 어떤지를 쓰지 않아도 되지만 종이 위에 내 생각을 옮기는 걸 여전히 좋아한다. 그 당시 호숫가에서 하늘을 바라보며 신과 약속한 게 하나 있었다. 두

번의 암투병 생활동안 겪었던 내 경험담을 정리해서 다른 환자들에게 유용한 정보가 될 수 있게 하겠다고 약속을 했었다. 아무리 작은 정보라도 살아남은 사람들이 전해주는 정보는 아직 고통받고 있는 사람들에게는 큰 격려과 용기를 불어 넣어 줄 수 있다고 믿는다. 창고에 있던 그 박스를 아직 풀르지 않았다. 그냥 그 상태 그대로 다른 사람에게 도움이 될 수 있는 곳이라면 어디든지 보낼 작정이다. 암은 내게 다른 사람을 도와줄 수 있는 기회를 주었고 나는 그걸 감사하게 생각한다.

Dr. Siegel's 한마디

"자신의 마음 속에서 우러나오는 소리를 귀담아 듣게 되면 결정을 내리는게 더 쉬워질 수 있다."

주인공 캐롤이 보여준 변화와 행동들은 살아남은 사람들이 보여주는 지혜를 알려주고 있다. 일기장에 자신의 감정을 쏟아내는 일은 매우 중요하고 치료에도 않은 도움이 된다. 자기 자신의 마음을 되새겨 보고 진심으로 원하는게 무엇인지를 알게 해주는 것이 일기이다. 힘든 시기에는 예전에 썼었던 일기를 보면서 자신의 마음을 다시 한번 새겨볼 수 있는 시간을 가질 수도 있다. 일기장 안에 자신의 가장 내면적인 생각과 자신만이 알고 싶은 비밀들을 간직해 놓게 되면 언젠가 그 내용을 다시 한번 읽으면서 그 때 여러분의 감정이 어떠했었는지를 알게 된다. 일기장 안에 있는 자신을 보면서 때론 웃기도 하고, 때론 울기도 하면서 때론 자신이 마냥 부끄러워지기도 한다. 하지만 결국은 자기 자신을 더 잘 이해할 수 있게 된다. 일기는 자신의 성격이나 정신 자세 등이 발전되어 가는 과정을 담을 수 있는 가장 좋은 방법이다.

캐롤이 가장 좋아하는 색깔이 보라색이라고 했는데 그건 개인이 품고 있는 정신 세계의 한 단면을 보여주기도 한다. 필자는 종종 환자들에게 자신을 나타낼 수 있는 색을 그려보라고 하는데 그러면 환자들은 자신의 병이나 치료에 대해 느끼는 감정을 색으로 표현해 보인다. 이런 그림은 치료에 많은 영향을 줄 수 있는 무의식의 세계를 보여준다. 캐롤은 그녀의 일기를 통해 그녀의 감정을 새롭게 받아들이게 되고 결국은 일을 그만두고 생활에 변화를 주는 결정을 내렸다. 그녀 자신과 그녀의 인생에 좋은 게 무엇인지 머리가 아닌 마음으로 느끼는 법을 배웠다.

주인공 캐롤이 책을 보면서 화가 났었다고 했었던 점은 필자는 좋다고 생각한다. 우울하고 침울하게 있는 것보다는 화를 내는 행동이 더 좋을 수 있다고 본다. 화를 내는 건 에너지가 있다는 뜻이기 때문이다. 만약 이불 속에 꽁꽁 숨어 죄책감과 부끄러움 그리고 못된 생각만 한다면 그건 좋지 못한 영향만 받게 된다. 암에 걸린 사람들에게 일기를 쓰는건 화를 내고 두려움과 좌절감이 생길 때 그 감정을 표출할 수 있는 좋은 방법이다. 이런 기분을 표현해 낸다는 것만으로도 치유가 시작되었다고 볼 수 있다.

캐롤이 첫 번째 암에 걸렸을 때처럼 자신의 솔직한 감정은 철저히 배제한 채 딱딱한 통계치와 자료들 그리고 자신의 몸 상태만 간단히 기록했던 건 어떻게 보면 굉장히 편한 방법이다. 하지만 그렇게만 하면 결국은 자신이 쓸모없어 보이고 실망감만 커진다. 살아남은 자들이 보여주는 행동이 아니다. 암에 걸렸을 때 몸 상태에 대해 기록을 하는게 중요하긴 하지만 감정과 기분을 철저히 무시하고 그것만 기록하게 되면 비슷한 상황에 처한 다른 사람들과 유대감을 쌓을 수 있는 기회를 놓칠 수 있다. 그렇지만 두 번째 캐롤의 일기장에는 혼이 담겨있다. 다른 사람들에게 희망을 주고 싶다는 염원이 담겨있다.

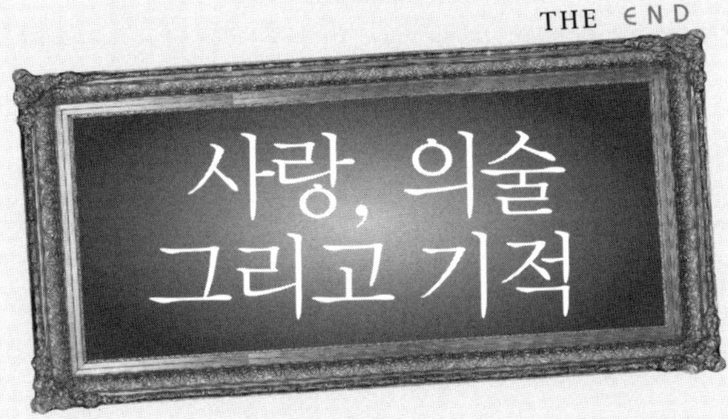

내가 일곱 살 때 우리 식구 모두 케이프 코드Cape Cod – 미국 북동부에 위치한 관광지로 해변이 특히 유명하다로 휴가를 간적이 있었다. 그 곳에 있는 번화가를 걸으며 구경을 하고 있던 중에 부모님에게 얼굴을 돌리며 "나중에 커서 의사가 될거에요."라고 말을 했다고 한다. 내가 그런 말을 했었는지조차 기억이 정확히 나지 않았지만 그 뒤에 부모님들이 가끔씩 그 때 얘기를 들려주었기 때문에 그런 줄 알았다.

나는 10 대가 되면서 그림에 소질을 보였다. 화가들이 어떻게 생활을 꾸려가는지 잘 몰랐다. 인테리어 장식가들만이 돈벌이를 할 수 있는지 알았고 그 일은 내 적성에 맞지 않아 보였다. 나는 손재주가 뛰어난 편이었고, 사람들과 어울리는 것도 좋아했으며 또 고장난 걸 고치는 일을 좋아했다. 그리고 과학이나 자연의 세계에 대해 관심이 많았다. 그래서 내 취미나 소질을 가장 잘 살릴 수 있는 게 외과 의사라는 판단이 섰다. 그리고 그 위에 그 때는 미처 몰랐던 고통스러운 부분이나, 내 감정을 어떻게 추슬러야 하는지 등에 대한 부분이 얹어져 결국 오늘날의 내가 있게 만들었다.

의과 대학의 학부 과정에서는 상실감을 어떻게 극복하고 감정적인 면을 어떻게 추슬려야 하는지 가르치지 않는다. 많은 의과대학 학생들은 사람의 몸에만 집중해야 그나마 의사가 될 수 있다. 그리고 사람들도 자신의 몸에만 관심을 가지고 있다. 외과 의사들은 단순히 처방전을 기록하는 게 아니라 전적으로 자신의 손에 모든 걸 걸고 하는 의료 과정 안에 있게 된다. 이 직업의 특성상 생기는 문제는 수술 시 내린 자신의 결정이나 예기치 못한 일들이 환자에게 더 큰 문제를 발생시킬 수도 있다는 점이다. 나는 아직까지도 내 모든 환자를 고치지 못한다는 사실에 고통스러워 하고 있고 신이 왜 어린 아이들까지 암에 걸리게 해서 죽게 만드는지 그 답을 찾지 못하고 있다.

부모들만 고통스러운게 아니다. 의사들 역시 혼란한 심정으로 인해 스트레스를 받는다. 1977년 내가 직접 그린 내 자화상이 거실에 걸려 있다. 그게 정말 나의 참모습일까? 누가 의사의 참모습을 알 수 있을까? 환자들은 수술실에서 두건을 두르고, 마스크를 하고 가운을 입은 의사 밖에 보지 못하기 때문에 나를 잘 알아보지 못한다. 의사들끼리도 고뇌하는 모습은 들어내지 않는다 그리고 회의나 컨퍼런스 시간에 절대 그런 감정을 주제로 얘기하지도 않는다. 의사는 감정이 없이 생각만 해야 한다. 흔히 만약 여러분이 의사들에게 "그럴 때 어떤 기분이 들어요?"라고 물어본다면 의사들의 답은 하나같이 "저는 …. 같다고 생각합니다."일지도 모른다.

만약 의사들에게 아파서 죽어가는 한 환자가 의자에 앉아 턱을 괴고 어떤 생각을 하고 있는 모습이 담겨져 있는 그림을 보여준다면 의사들의 반응은 어떨까? 내가 의대 학생들에게 의사로서 본분을 다하는 모습을 그려보라고 시켜보면 대부분의 학생들은 병원에 있는 비품들이나 책들과 함께 있는 자신의 모습을 그리거나 아니면 의사 자격증이 걸려 있는 방에 앉아 있는 모습을 그려온다. 학생들이 그린 그림에는 사람이 없다. 만약 의사들이 누군가를 어루만지고 있다면 그건 청진기를 대고 있을 때 뿐이다. 만약 학교에서 이런 점들을 가지고 한번이라도 논의를 해봤었다면 나뿐만 아니라 모든 학생들이 의사가 되려는 더 훌륭한 이유들을 가질 수 있을지도 모른다.

30년전 내가 좋은 외과의사가 될 수 있게 도와주셔서 너무 감사하다는 내용의 편지를 학장님에게 보낸 적이 있었다. 그렇다고 그 학장님이 내게 환자나 내 자신을 어떻게 하면 마음으로 보살필 수 있는지를 가르쳐주지는 않았었다. 내가 어떤 답장을 받았을까? 아무런 답장도 받지 못했다. 그리고 최근에 기술의 발전 덕분에 학생들도 더 많은 정보를 얻을 수 있게 돼서 다행스럽고 좋은 일이라는 내용으로 편지를 다시 보냈었다. 물론 학교는 같지만 학장은 다른 사람이었다. 이번에는 어떤 답장을 받았을까? 없었다. 이번에도 역시 아무런 답장을 보내지 않았다.

의사가 된지 얼마 되지 않아 내 환자 중에 수의사가 한 명 있었다. 나는 그 환자에게 환자들을 보면서 마음이 아파지는 걸 도저히 더 이상은 못 참겠다고 차라리 수의학과에 다시 들어가고 싶다고 했다. 그러자 그 환자는 "그러지 마세요. 동물을 데리고 오는 사람들을 봐도 아픈 건 마찬가지입니다."라고 말했다. 그의 대답은 나로 하여금 문제나 질병이 아닌 사람 그 자체를 돌봐야 한다는 것을 깨닫게 만들었다. 그렇게 해야만 좀 더 나은 사람이 될 수 있고, 좀 더 나은 의사가 될 수 있다는 걸 알았다.

그 때부터 내가 직접 나서기로 결심을 하고 워크샵에 참석을 했다. 그곳에서 다른 의사들에게 많은 것을 배울 수 있었다. 그들은 내 마음을 열게 했고 관습의 테두리 안에서 벗어나지 못하고 있던 나를 밖으로 나오게 만들어줬다. 내가 배운건 일일이 세기 힘들 정도로 많았지만 그 중에서도 특히 내 환자들을 보면서 내가 아무 것도 할 수 없다고 느끼는 무기력감에 빠졌을 때 어떻게 하면 빠져나올 수 있는지에 대해 가르침을 받았다. 그리고 명상을 통해 내적인 지혜와 몸과 마음이 하나로 되는 방법을 배우기도 했다.

그러나 무엇보다 내 인생의 전환점은 내 어머님이 유방암에 걸렸을 때였다. 어머니가 하셨던 말 한마디가 내게 큰 변화를 안겨주었다. 어머니와 내가 암 환자를 위한 컨퍼런스에 같이 갔을 때 나란히 앉게 되었다. 병원에서처럼 책상을 사이에 두고 서로 떨어져 있지 않았다. "너는 참 좋은 아이야. 그래서 너랑 같이 병원에 있을 때면 기분이 편해져. 그렇다고 매일 너랑 같이 있을 수도 없잖니. 그래서 병원으로 널 만나러 가기 전까지 뭘 하면서 지낼까라는 생각을 한다.” 어머니의 말을 듣고 갑자기 난 내가 미처 깨닫지 못했던 게 있었다는 걸 알았다. 환자들의 병을 고치고 죽음으로부터 지키려고 하는 것에 매달리지 말고 환자들을 살아갈 수 있게 도움을 주어야 하는게 맞다고 느꼈다.

그날 병원으로 돌아오자마자 책상을 벽으로 밀어붙여서 더 이상 환자들과 거리감이 들지 않게 만들었다. 그리고 크레용을 준비하고 환자들이 그림을 그릴 수 있게 했다. 내 환자들은 내게는 스승과 같은 존재였다. 환자들을 볼 때마다 “안아주어야 해.”라고 생각을 했지만 사실 따지고 보면 그건 환자들을 위해서 그런게 아니라 내 자신이 환자들의 도움을 필요로 했기 때문에 그랬을지도 모른다. 내가 외과 의사를 그만두려고 몇 번을 마음 먹었을 때마다 환자들이 그렇게 두지 않았다.

환자들이 나를 비난하는 것에 대해서도 어떻게 받아들여야 하는지를 배웠다. 그건 내 자신을 반성하게 만들고 나를 더 좋은 의사가 되게 하는 밑거름이라고 생각한다. 모든 최고의 의사들도 환자들과 간호사들과 가족들에게 싫은 소리를 듣는다. 차이점이 있다면 최고의 의사들은 사과하는 법을 알고 그걸 통해 배우려고 한다. 절대 환자에게 변명을 하거나 반대로 환자를 비난하지 않는다. 자신의 실수를 인정하지 않고 변명을 하거나 남을 욕하는 사람들은 별로 비난받을 일이 없다. 왜냐하면 사람들은 그런 사람에 대해 얘기하는 것도 시간 낭비라고 생각을 하기 때문이다. 의사는 절대 환자와 같을 수 없다. 아픈 사람들이 모여 사는 곳을 찾은 나

그네일 뿐 원주민이 될 수는 없다.

평소 필자의 생각이 논란의 여지를 많이 불러 일으키고 있다는 걸 잘 알고 있다. 하지만 요즘들어 내 의견과 뜻을 같이 하는 사람들이 늘어가고 있고 과학적으로 내 생각을 검증하려는 시도도 생겨나고 있다. 아직까지도 논란의 소지가 많이 남아있긴 하지만 필자는 일상 생활 속에서 만들어지는 위기들 즉, 암 판정을 받기 전 2년 동안 무슨 일이 있었는지를 아는게 중요하다고 믿는다. 또 환자들은 본인 스스로 "내가 이 병을 통해 어떻게 하면 좋은 점을 얻을 수 있을까?"라고 생각해봐야 한다. 요즘은 내 환자들에게 면역력이 강한 성격을 가지고 있는지를 알아보기 위해 몇 가지 질문을 해본다.

원래는 조지 솔로몬 박사가 AIDS 환자들에 대한 연구를 하기 위해 만들었던 것으로 질문에 대한 답이 어떻게 나오는지를 보고 장기 생존률의 가능성을 타진해 볼 수 있다.

만약 여러분이 지금 나오는 질문들에 대해 1번부터 7번까지 물음에는 "아니요"라고 답하고 7번부터 9번까지에는 "네"라고 대답한다면 주의가 필요한 상태이다.

1 일이나 일상 생활 그리고 가족들에게서 의미를 느끼거나 관계 의식을 가지고 있나요?

2 내 자신을 지키기 위해 적당히 화를 내는 편입니까?

3 외롭거나 힘들다고 느낄 때 힘이 되어줄 친구나 가족이 있습니까?

4 친구나 가족이 필요할 때 부탁할 수 있는 친구나 가족이 있습니까?

5 할 수 없는 일이나 별로 하고 싶지 않은 일을 누가 부탁했을 때 싫다고 말 할 수 있습니까?

6 다른 사람의 지시나 생각에 따르지 않고 내 자신의 순수한 의지에 따라 건강을 좋게 만들려는 노력을 하고 있습니까?

7 인생을 즐기며 사는 편입니까?

8 나를 우울하게 만든 원인이 결코 변하지 않을 거라는 생각이 들면 우울함이 오래 동안 가는 편입니까?

9 내 기분이 나빠지는 한이 있어도 모든 일을 의무감으로 처리하는 순종적인 사람 입니까?

위와 같은 솔로몬 박사의 리스트에 내가 몇 가지 질문을 추가로 만들었다.

1 내가 여러분에게 밖에 나가 밥먹자고 한다면 어떻게 하겠습니까?

2 모든 공공 건물의 로비에 '삶이 얼마나 아름답고 의미있는지를 봐라' 라고 문구가 쓰여진 그 무엇을 걸어둘 수 있다면 그건 무엇이겠습니까?

3 죽고 나서 하늘나라에 갔을 때 자기소개를 어떻게 하겠습니까?

나는 환자들에게 이런 대답을 듣고 싶어한다.

❶ 1번 질문을 듣자마자 머릿속에 떠오르는 게 답이다. 누군가와 저녁을 먹으러 가고 싶은지 아닌지는 단 1분이면 결정할 수 있는 일이다. 자신이 원하는 게 무엇인지를 생각하는 일에는 시간이 많이 필요없다.

❷ 답은 "거울"

❸ "난 그냥 나죠." 혹은 자신이 무슨 일을 했었는지를 설명한다면 아마 자신에 대해 더 알고 다시 오라고 문전 박대를 당할지도 모른다. 만약 "당신의 아들이 여기 왔습니다."라고 한다면 천국 문을 들어설 수 있을 것이다.

암에서 완치된 사람들의 성향에는 몇 가지 공통된 요소들이 있다. 종교적인 믿음, 의사에 대한 신뢰, 치료법에 대한 믿음 그리고 자기 자신에 대한 믿음이 첫 번째이다. 그리고 희망 역시 중요한 요소이다. 희망은 삶을 더 즐겁게 만들고 살아 있음을 느끼게 해준다. 가짜 희망이라는 건 없다는 점을 명심해야 한다. 강한 믿음과 희망이 하나로 되었을 때만이 기적과도 같은 일이 벌어질 수 있다.

폐암에 걸렸던 한 남자가 있었다. 그런데 백내장이 와서 백내장 수술을 받으려고 했지만 건강 보험회사에서 얼마 안있으면 죽을 사람인데 왜 아까운 돈을 지불해야 하냐고 하면서 수술 비용을 지급할 수 없다고 거절했다. 시력을 잃게 되면 손주들이 노는 모습을 보지도 못하고 자신이 좋아하는 신문의 스포츠 지면을 읽지도 못하게 되고 경마장에 가서 말이 달리는 것도 보지 못하며 삶의 모든 즐거움을 잃어버리게 된다고 생각했다. 백내장 수술을 거부 당하자 그 남자는 모든 희망을 잃고 침대에 누워 시름시름 앓다가 1 주일만에 죽었다.

우리 모두는 희망과 의미없이는 살아 남을 수 없다. 수많은 연구 자료들에서 낙천적인 사람들이 비관적인 사람들보다 더 건강하게 더 오래 산다는 사실을 입증하고 있다. 기분은 신체에 영향을 주게 되는데 특히 외로움은 면역 기능을 제어하는 유전자에 영향을 준다. 많이 웃는 암 환자들일수록 더 오래 산다. 상담이나 그룹 모임을 통해 우울증을 없애는 것도 많은 도움이 된다.

암 환자들을 대상으로 한 연구에서 가장 생존률이 높은 케이스는 강한 정신력을 가진 환자들이었고 다음으로는 앞으로 일어날지도 모르는 일에 대해 무조건 부정적으로 생각하지 않고 희망적으로 바라보는 환자들이었다. 반대로 가장 최악의 생존률을 보인 환자들은 희망이 없고 무기력하게 대처하는 사람들이었다.

지금까지 내게 가장 많은 걸 깨닫게 해준 것은 내가 치료했던 어린이들이었다. 지금까지 기억에 남는 한 남자 아이가 있다. 그 아이가 키우던 개를 안락사시켜야 했던 순간 "개들은 우리들한테 짧은 시간동안에 사랑과 용서를 가르쳐 줄 수 있기 때문에 우리들보다 더 짧게 사는 거 같아요."라고 말했다. 아이들과 동물들에게는 배워야 할 점이 너무도 많다. 순간을 살아가는 법, 언제나 유머를 잃지 않는 모습, 앞으로를 걱정하지 않는 모습, 힘들면 도와달라고 말하는 모습 그리고 자신의 기분을 남들과 나누는 모습. 이 모든 것들이 암에서 완치되기 위해 꼭 지녀야 할 것들이다.

쏜톤 와일더가 쓴 산 루이스 레이라는 소설에 나오는 말로 마지막을
대신할까 한다.

"우리들이 아주 잠깐 받았던 사랑은 곧 잊혀질 거야. 하지만 그 정도
의 사랑만으로도 충분해. 사랑으로 받은 모든 자극은 처음 받았던 사랑이
되어 다시 나타난다. 그렇기에 굳이 사랑을 기억하지 않으려 해도 된다.
산 자의 땅과 죽은 자의 땅 그리고 그 둘을 잇는 것은 사랑이다. 사랑만이
영원히 살아남을 수 있고 사랑만이 의미를 지니고 있다."